英语专业实用翻译教材系列

Basics of English and Chinese Translation

英汉基础笔译

主　编　谢桂霞
副主编　陈　燕　黄寿娟　徐丽萍
　　　　赵嘉玉　招晓杏

中山大学出版社
SUN YAT-SEN UNIVERSITY PRESS
·广州·

版权所有　翻印必究

图书在版编目（CIP）数据

英汉基础笔译/谢桂霞主编. —广州：中山大学出版社，2020.9
（英语专业实用翻译教材系列）
ISBN 978 - 7 - 306 - 06960 - 3

Ⅰ.①英…　Ⅱ.①谢…　Ⅲ.①英语—翻译　Ⅳ.①H315.9

中国版本图书馆 CIP 数据核字（2020）第 171067 号

Ying-Han Jichu Biyi

出 版 人：	王天琪
策划编辑：	熊锡源
责任编辑：	熊锡源
封面设计：	林绵华
责任校对：	潘惠虹
责任技编：	何雅涛
出版发行：	中山大学出版社
电　　话：	编辑部 020 - 84111997，84110283，84110779
	发行部 020 - 84111998，84111981，84111160
地　　址：	广州市新港西路 135 号
邮　　编：	510275　　　　　　　传　真：020 - 84036565
网　　址：	http://www.zsup.com.cn　E-mail: zdcbs@ mail. sysu. edu. cn
印 刷 者：	佛山市浩文彩色印刷有限公司
规　　格：	787mm×1092mm　1/16　13 印张　285 千字
版次印次：	2020 年 9 月第 1 版　2020 年 9 月第 1 次印刷
定　　价：	40.00 元

如发现本书因印装质量影响阅读，请与出版社发行部联系调换

前　言

本书是中山大学国际翻译学院笔译教师团队的教学总结。在教学过程中，我们深深体会到翻译能力培养的多面性。翻译能力不是一种单一的语言转换能力，还包括译者对两种语言文化和思维模式异同的理解，以及对不同时期和不同领域翻译规范的遵守。在具体的语言操作层面，译者还需要考虑到文本的语境，以及语言使用所传递出来的不同文体风格，以产生能够顺利完成跨文化交际目的的高质量译文。

本书取名为《英汉基础笔译》，主要为了强调"基础"两个字的重要性。扎实的基础是进一步学习的基石。我们认为，有效的翻译教学应为学习者打好基础，这样才能帮助他们在翻译的道路上走得更远。因此，本书所讲授的内容，也都非常"基础"，主要目标在于全面和实用。书中不但涉及英汉双语思维的对比，翻译技术的使用，还涉及基础翻译技巧的使用方法和建议，旨在帮助翻译的初学者了解翻译活动必备的知识模块和能力，为他们继续学习翻译做好铺垫。

本书的设计坚持宏观和微观相结合的原则。第二章至第六章主要从宏观的视角，为学习者介绍英汉语言的异同和不同翻译评估规范，使学习者对翻译活动的语境有一个整体的了解；第七章至第十章主要为微观的分析，着重讲解具体语言层面的翻译技巧和原则。每一章的讲解均辅以真实的翻译案例分析，针对不同的知识点都配有练习题，以强化知识，帮助学习者更好地理解翻译活动的本质。

《英汉基础笔译》的内容是我们笔译教学团队老师们多年教学经验的总结，其成书也是团队共同努力的成果。其中，招晓杏负责第二章"英汉语言比较"和第三章"虚假对应和翻译语境"的编写；徐丽萍负责第四章"英汉语言结构比较"的编写，并和黄寿娟共同完成第六章"翻译辅助工具"的编写；赵嘉玉负责第五章"翻译标准和规范"、第七章"词汇层面的翻译技巧"和第八章"句子层面的翻译技巧"的编写；陈燕负责第九章"语篇分析与翻译"的编写；谢桂霞负责第一章"概述"和第十章"文体分析与翻译"的编写，以及整本书的编辑统稿工作。

本书的主要特点是基础性强，全书的编写以翻译过程必备知识模块为主，案例来源真实详尽，便于学习者有针对性地学习。目标读者设定为高校学习翻译的学生。从全书内容的系统性和材料的丰富性来讲，也适合用作高校翻译类课程教学的辅助教材。对翻译实践感兴趣的自学者，本书也有一定的参考价值。

在本书编写上还有两点说明。首先，书中的案例和练习题目均摘自实际案例，大多标明出处、作者和译者；没有注明出处的例子，一般为编写者根据主题需要自已设计的，或者是笔者收集的课堂材料（包括学生的翻译）。其次，练习题主要根据所在章节的知识点和内容设计；一般一个知识点会有一处练习强化，但理论性较强的章节，便不设置或只有少量练习题。

在整个成书过程中，中山大学国际翻译学院的领导常晨光教授、陈有志书记、周慧教授等给予我们团队很大的经费支持和精神鼓励，中山大学出版社熊锡源老师也为本书的编辑和出版提出宝贵的建议，笔者在此代表基础笔译教师团队表达感激之情！

值得指出的是，由于笔者和团队的水平和经验有限，书中难免存在一些错误和不足；也因为是团队的合作，虽然经过整体梳理加工，但各章行文风格仍有些不同，案例来源也因写作者的兴趣和关注而异。我们恳请阅读和使用本书的师生和读者的谅解和批评指正。

谢桂霞
2019 年 6 月 15 日
于中山大学珠海校区图书馆

目　　录

第一章　概述 ⋯⋯⋯⋯⋯⋯⋯⋯⋯⋯⋯⋯⋯⋯⋯⋯⋯⋯⋯⋯⋯⋯⋯⋯⋯⋯⋯ 1
　第一节　翻译的定义 ⋯⋯⋯⋯⋯⋯⋯⋯⋯⋯⋯⋯⋯⋯⋯⋯⋯⋯⋯⋯⋯⋯ 1
　第二节　翻译能力 ⋯⋯⋯⋯⋯⋯⋯⋯⋯⋯⋯⋯⋯⋯⋯⋯⋯⋯⋯⋯⋯⋯⋯ 3
　第三节　框架结构 ⋯⋯⋯⋯⋯⋯⋯⋯⋯⋯⋯⋯⋯⋯⋯⋯⋯⋯⋯⋯⋯⋯⋯ 5

第二章　英汉语言比较 ⋯⋯⋯⋯⋯⋯⋯⋯⋯⋯⋯⋯⋯⋯⋯⋯⋯⋯⋯⋯⋯ 8
　第一节　英汉语言思维对比 ⋯⋯⋯⋯⋯⋯⋯⋯⋯⋯⋯⋯⋯⋯⋯⋯⋯⋯ 8
　　一、抽象思维和形象思维 ⋯⋯⋯⋯⋯⋯⋯⋯⋯⋯⋯⋯⋯⋯⋯⋯⋯ 8
　　二、分析性思维和综合性思维 ⋯⋯⋯⋯⋯⋯⋯⋯⋯⋯⋯⋯⋯⋯⋯ 11
　　三、本体型思维和客体型思维 ⋯⋯⋯⋯⋯⋯⋯⋯⋯⋯⋯⋯⋯⋯⋯ 16
　第二节　欧化中文和中式英语 ⋯⋯⋯⋯⋯⋯⋯⋯⋯⋯⋯⋯⋯⋯⋯⋯ 19
　　一、欧化中文 ⋯⋯⋯⋯⋯⋯⋯⋯⋯⋯⋯⋯⋯⋯⋯⋯⋯⋯⋯⋯⋯⋯ 19
　　二、中式英语 ⋯⋯⋯⋯⋯⋯⋯⋯⋯⋯⋯⋯⋯⋯⋯⋯⋯⋯⋯⋯⋯⋯ 22

第三章　虚假对应和翻译语境 ⋯⋯⋯⋯⋯⋯⋯⋯⋯⋯⋯⋯⋯⋯⋯⋯⋯ 27
　第一节　英汉语言的虚假对应 ⋯⋯⋯⋯⋯⋯⋯⋯⋯⋯⋯⋯⋯⋯⋯⋯ 27
　第二节　语境与翻译 ⋯⋯⋯⋯⋯⋯⋯⋯⋯⋯⋯⋯⋯⋯⋯⋯⋯⋯⋯⋯ 30
　　一、词语语境 ⋯⋯⋯⋯⋯⋯⋯⋯⋯⋯⋯⋯⋯⋯⋯⋯⋯⋯⋯⋯⋯⋯ 31
　　二、时间和地点语境 ⋯⋯⋯⋯⋯⋯⋯⋯⋯⋯⋯⋯⋯⋯⋯⋯⋯⋯⋯ 32
　　三、发出者和接受者语境 ⋯⋯⋯⋯⋯⋯⋯⋯⋯⋯⋯⋯⋯⋯⋯⋯⋯ 34
　　四、话题和文化语境 ⋯⋯⋯⋯⋯⋯⋯⋯⋯⋯⋯⋯⋯⋯⋯⋯⋯⋯⋯ 36

第四章　英汉语言结构比较 ⋯⋯⋯⋯⋯⋯⋯⋯⋯⋯⋯⋯⋯⋯⋯⋯⋯⋯ 39
　第一节　英语基本句型分析和翻译 ⋯⋯⋯⋯⋯⋯⋯⋯⋯⋯⋯⋯⋯⋯ 40
　　一、简单句的翻译 ⋯⋯⋯⋯⋯⋯⋯⋯⋯⋯⋯⋯⋯⋯⋯⋯⋯⋯⋯⋯ 40
　　二、并列句的翻译 ⋯⋯⋯⋯⋯⋯⋯⋯⋯⋯⋯⋯⋯⋯⋯⋯⋯⋯⋯⋯ 41
　　三、复合句的翻译 ⋯⋯⋯⋯⋯⋯⋯⋯⋯⋯⋯⋯⋯⋯⋯⋯⋯⋯⋯⋯ 41
　第二节　常见英语句子结构的翻译 ⋯⋯⋯⋯⋯⋯⋯⋯⋯⋯⋯⋯⋯⋯ 43
　　一、不定式的翻译 ⋯⋯⋯⋯⋯⋯⋯⋯⋯⋯⋯⋯⋯⋯⋯⋯⋯⋯⋯⋯ 43

二、现在分词的翻译 ··· 45
　　三、过去分词的翻译 ··· 46
　　四、介词短语的翻译 ··· 48
第三节　汉语基本句型分析与翻译 ·· 50
　　一、主谓句的翻译 ··· 51
　　二、非主谓句的翻译 ··· 52
　　三、复合句的翻译 ··· 54
第四节　常见的汉语特殊句型 ·· 55
　　一、连动句的翻译 ··· 55
　　二、存现句的翻译 ··· 56
　　三、流水句的翻译 ··· 57

第五章　翻译标准和规范 ·· 59
第一节　翻译的标准和规范概述 ·· 59
　　一、翻译的标准 ··· 59
　　二、翻译与写作 ··· 61
　　三、翻译与沟通 ··· 62
第二节　语言一致性 ·· 64
　　一、词句的一致性 ··· 65
　　二、语言变体与格式的一致性 ··· 66
　　三、语体的一致性 ··· 69
第三节　标点符号的选择 ·· 70
　　一、英汉标点符号的差异 ··· 71
　　二、常见英语标点符号的用法 ··· 72
第四节　注释的添加 ·· 77
　　一、加注的方式 ··· 78
　　二、加注的原则 ··· 80

第六章　翻译辅助工具 ·· 85
第一节　翻译资源 ·· 85
　　一、词典 ··· 85
　　二、术语库 ··· 91
　　三、语料库 ··· 92
　　四、百科全书 ··· 94
　　五、搜索引擎 ··· 94
　　六、其他工具书 ··· 98

第二节　翻译技术 ·················· 99
  一、机器翻译技术 ·················· 99
  二、计算机辅助翻译技术 ·················· 100
  三、翻译字数统计工具 ·················· 102
  四、文档格式转换工具 ·················· 102
  五、图像文字识别软件 ·················· 104
  六、术语提取工具 ·················· 105
  七、双语对齐工具 ·················· 105
  八、质量检查工具 ·················· 106
  九、桌面排版工具 ·················· 107

第七章　词汇层面的翻译技巧 ·················· 110
第一节　增译 ·················· 110
  一、明确原文意义 ·················· 111
  二、确保译文结构完整 ·················· 112
  三、完善译文表达 ·················· 113
第二节　省译 ·················· 114
  一、省略虚词和代词 ·················· 115
  二、省略冗余词 ·················· 115
  三、语义省译 ·················· 116
第三节　词性转换 ·················· 117
  一、动词和名词之间的转换 ·················· 118
  二、形容词和副词之间的转换 ·················· 119
  三、介词的转换 ·················· 119
第四节　解包袱法 ·················· 121
  一、解包袱法的应用 ·················· 122
  二、解与不解的判断标准 ·················· 124
第五节　正译和反译 ·················· 126
  一、正反之间的转换 ·················· 127
  二、视角的转换 ·················· 127

第八章　句子层面的翻译技巧 ·················· 130
第一节　句子的拆分 ·················· 130
  一、简单句的拆分 ·················· 131
  二、复合句的拆分 ·················· 132
  三、从句的拆分 ·················· 133

第二节　句子的合并 …………………………………………………… 134
　　　　一、简单句的合并 ………………………………………………… 135
　　　　二、复合句的合并 ………………………………………………… 136
　　第三节　语序的调整 …………………………………………………… 138
　　　　一、句子内部的调整 ……………………………………………… 139
　　　　二、句子之间的语序调整 ………………………………………… 142

第九章　语篇分析与翻译 …………………………………………………… 144
　　第一节　主位结构 ……………………………………………………… 144
　　　　一、主位的理解 …………………………………………………… 144
　　　　二、主位推进模式 ………………………………………………… 146
　　　　三、汉语主位结构 ………………………………………………… 148
　　第二节　主位推进模式与翻译 ………………………………………… 149
　　　　一、保留推进模式 ………………………………………………… 150
　　　　二、调整推进模式 ………………………………………………… 150
　　第三节　信息结构 ……………………………………………………… 152
　　　　一、信息结构的理解 ……………………………………………… 152
　　　　二、汉语的信息结构 ……………………………………………… 155
　　第四节　信息结构与翻译 ……………………………………………… 156
　　　　一、非谓语结构的信息结构翻译 ………………………………… 158
　　　　二、简单句的信息结构翻译 ……………………………………… 158
　　　　三、复合句的信息结构翻译 ……………………………………… 159

第十章　文体分析与翻译 …………………………………………………… 162
　　第一节　语法与文体 …………………………………………………… 162
　　　　一、词汇层面的文体 ……………………………………………… 162
　　　　二、句法层面的文体 ……………………………………………… 169
　　第二节　辞格的翻译 …………………………………………………… 174
　　　　一、义变辞格的翻译 ……………………………………………… 174
　　　　二、形变辞格的翻译 ……………………………………………… 178

练习参考答案 ………………………………………………………………… 188

第一章 概 述

James Holmes（2000）将翻译研究分为"理论"和"应用"两大分支，其中"理论"分支又进一步分为"纯理论翻译研究"和"描写翻译研究"。不同的研究分支对翻译的定义各不相同。在讨论任何翻译行为之前，需要确定其所属的分支，以便更有针对性地展开讨论。本章第一节和第二节将简单介绍翻译研究中，不同视角对翻译和翻译能力的不同定义和理解，并阐明本书所专注的领域。第三节将主要介绍全书的框架结构和编写逻辑。

第一节 翻译的定义

翻译活动和我们的生活息息相关。大至文学名著在不同语言中的呈现，小至跨国商品在世界的流通，都离不开翻译活动。有学者甚至指出，"在整个人类历史上，语言的翻译几乎同语言本身一样古老"（谭载喜，1991：3），突出了翻译活动在人类社会中平凡而又不平凡的角色。

那么，翻译到底指的是什么？中国唐朝贾公彦在《周礼义疏》中提到，"译即易，谓换易言语使相解也"。语言之间的交换，可以看作是对翻译的基本理解，近代的不同词典几乎都使用这一释义。例如，《辞海》把翻译定义为"把一种语言文字的意义用另一种语言文字表达出来"；《现代汉语词典》对翻译的定义是"翻译是从一种语言到另一种语言的转换行为或过程"；《牛津英语词典》（*The Oxford English Dictionary*）定义翻译为"把一种语言转为另一种语言的行为或过程"（The action or process of turning from one language into another）；《韦氏第三版新国际英语词典》（*Merriam-Webster Third New International Dictionary*）定义翻译为"从一种语言或表意系统到另一种的呈现"（a rendering from one language or representational system into another）。可以看到，词典的定义主要关注两种语言之间的转换，并把翻译看作是一个行为过程或产品呈现。

与此不同，翻译研究领域的定义涉及的方面更多。在 20 世纪六七十年代，学者们主要从语言学的视角定义翻译。John Catford 将翻译定义为：

"用一种语言的文本材料代替另一种语言的等值文本材料"［the replacement of

textual material in one language (SL) by equivalent textual material in another language (TL)〕(1965：20)。

Roman Jakobson 的定义是：

"用另一种语言解读词语符号"(an interpretation of verbal signs by means of some other languages)(1959/1966：233)，"用另一种语言代替一种语言的整体信息，而不是分开的符号单位"(the transfer of "meaning" from one set of language signs to another set of language signs)(1978：267)。

类似还有 Lawendowski 的定义，即：

"将一系列语言符号所表达的'意义'转化成另一种语言的系列符号"(the transfer of "meaning" from one set of language signs to another set of language signs)(1978：267)。

虽然和词典相似，都是围绕"语言转换"来定义翻译，但语言学视角更关注语言作为一种意义"符号"这一本质。随着翻译研究的发展，和翻译活动相关的其他因素也逐渐被囊括进翻译定义中。如 Eugene Nida 将翻译定义为：

"翻译指在接受语中生成最接近源语信息的自然对等，首先是意义，其次是风格"(translating consists in reproducing in the receptor language the closest natural equivalent of the source-language message, first in terms of meaning and secondly in terms of style)(1969/1982：12)。

其中，自然对等涉及了目的语读者的接受感受，这也是 Nida 对翻译定义的一大推进，即考虑目的语读者的感受。

上述这些语言学视角的翻译定义都带有规定性(prescriptive)的性质。在 20 世纪八九十年代，随着翻译研究的文化转向，翻译研究从规定性转向描写性(descriptive)，对翻译的定义也发生了根本性的转变。Gideon Toury 的定义最具代表性，他将翻译定义为：

"目的语言中，基于任何理由被呈现或认为是翻译的话语"(taken to be any target-language utterance which is presented or regarded as such within the target culture, on whatever grounds)(1985：20)。

这一定义将翻译研究从语言学的束缚中解脱出来，原文在翻译中作为衡量标准的地位也被淡化，研究者不再对翻译质量评头论足，而是将目光投向目的语文化对翻译文本接受规范的变化。文化流派的翻译定义拓宽了翻译研究的边界，凸显了"规范"对翻译的历时影响。这一视角的讨论可以帮助拓展译者对翻译活动本质的理解，但对具体实践来说，却没有语言学视角的翻译讨论那么具有实操性。

在这一时期最具实操性的翻译理论应算德国功能主义翻译研究。功能主义翻译理论学者们将翻译看作一种有目的的行为(action)，翻译需要根据不同的翻译目的调整翻译策略。该流派对翻译的定义是：

"翻译是基于对目的语文本功能的设定或要求，产出与原文有关系的，具有指定功能的目的语文本"(translation is the production of a functional target text maintaining a relationship with a given source text that is specified according to the intended or demanded function of the target text)(Nord,1991:28)。

功能主义学者认为，同一个源语文本，根据不同的目的，可以产出多种功能的目的语文本。这些功能体现在文本类型上，有信息型、感染型和呼唤型。换言之，同一个源语文本，在目的语中可以有传递信息、表达作者感情和影响读者反应等可能功能。例如，美国宪法在美国领土中体现的主要功能为呼唤型，而翻译为中文在中国使用时，原呼唤功能应转变为信息功能。翻译便是使目的语文本符合这些功能设定。

从上文的讨论可以看到，翻译的定义随着翻译研究的深入不断发生变化。在James Holmes 区分的不同翻译理论研究分支中，不同分支对翻译的定义各不相同。如上述Gideon Toury的描写翻译研究更注重翻译现象的描写和分析，基本不涉及翻译评估。在应用翻译研究中，因为涉及翻译教学和翻译批评领域，对翻译的定义和理解相对比较具有规定性。

本书旨在成为翻译教学和学习的材料，属于应用翻译研究分支，因此将选择和描写翻译研究不同的翻译定义，而倾向于使用实践性更强的定义，如 Eugene Nida的定义。本书认为翻译是两种语言信息的转换，且在转换过程中，需要注重信息传递的自然流畅。在本书中，信息传递的"自然流畅"指的是信息的表达方式符合目的语的语言习惯，以及符合目的语中相关文类的用语规范。

第二节 翻译能力

进行翻译实践，学习者必须获取翻译能力（translation competence）。学者们普遍认为，翻译能力是一种特殊的交际能力（Gile，1995；Shreve，1997；PACTE，2000；Colina，2003 等），而且是一种综合性的能力。因此，可以说翻译能力不是一种单一的能力。从第一节对翻译定义的讨论中可以看到，语言学视角的翻译定义强调语言转换在翻译过程的重要性；描写翻译研究则凸显来自目的语文化的影响；而功能主义则注重文本在跨文化交际中的功能。不管何种视角的翻译定义，都会对翻译实践产生影响，对其深刻理解是构成翻译能力的一种要素。

有关翻译能力，有不同的定义，PACTE 的定义得到广泛的接受。PACTE，即"翻译能力习得过程和评估专门研究小组"（Process in the Acquisition of Translation Competence and Evaluation，PACTE）的简称，是西班牙巴塞罗那自治大学一批学者组成的翻译能力研究团队，他们把翻译能力定义为：

"翻译所需的潜在知识、能力和态度系统"（the underlying system of knowledge,

abilities and attitudes required to be able to translate)(Hurtado Albir,2015:259)。

PACTE 的学者 Amparo Hurtado Albir（2015）认为，翻译能力具体由以下五种子能力构成：

（1）双语子能力（bilingual sub-competence）：主要为能够在两种语言之间交流的程序性知识。

（2）语言外子能力（extralinguistic sub-competence）：主要为显性和隐性的有关外界和专业领域的主导型陈述性知识。

（3）翻译知识子能力（knowledge of translation sub-competence）：主要为显性和隐性的，关于翻译和该职业各方面的陈述性知识。

（4）专业操作子能力（instrumental sub-competence）：主要为使用与翻译相关的文档资源、信息资源和交际技术的陈述性知识。

（5）策略子能力（strategic sub-competence）：主要为确保翻译过程的有效性以及解决问题的程序性知识。策略子能力是关键的能力，能够在需要时激活不同子能力之间的连接，以监控整个翻译过程。

除了以上五种子能力，PACTE 认为心理－生理因素（psycho-physiological component）也扮演重要的角色。心理－生理因素指不同种类的认知和态度成分，以及意识活动机制等。

从上面的讨论可以看到，翻译能力是一种综合能力。虽然双语能力在翻译过程中非常重要，但是，"语言只是翻译能力的基础，不足以概括翻译能力的构成"（苗菊，2007：47）。除了该能力之外，成功地完成翻译任务还需要一系列其他陈述性和程序性知识，以及认知心理的相互配合和协调。然而，语言能力以外的其他能力在翻译学习过程中较容易被忽略。

值得一提的是其中的"专业操作子能力"。随着科技发展的日新月异，许多相关的技术手段都可以应用到翻译过程中。例如，有关搜索引擎使用技巧的知识，能够帮助译者快速准确地掌握翻译项目的知识；语料库的技术可以帮助译者寻找相应词语的搭配方式，甚至可以找到相似的翻译版本；而有关编辑的技术能够帮助译者转换文档格式，更好地呈现译文。专业操作子能力能够帮助翻译更有效、更准确。

此外，策略子能力也是一种综合能力。它不仅包含语言转换过程中的翻译策略，而且包含如何调动其他子能力的能力。例如，当译者面对一个较为陌生的领域时，除了具备双语子能力之外，还需要通过调动专业操作子能力，搜索相关文档信息，让自己熟悉该领域的知识模块；也需要调动翻译知识子能力，分析该项目的特征和确定整体策略。只有在这些不同能力相互交错结合的情况下，才能更好地完成这一翻译任务。

翻译能力构成分析对翻译实践的启发主要是：翻译能力的获得是一个综合能力

培养的过程，而经常被强调的双语能力，只是众多子能力之一。基于这样的认识，本书在编写过程中，内容上根据不同子能力的培养目标进行编排，而不只是集中在对双语转换能力的讨论。

第三节　框架结构

本书主要内容共有十章。第一章"概述"介绍翻译和翻译能力的概念，同时陈述各主要章节的内容和编写的内在逻辑。

第二章"英汉语言比较"主要讲解影响英汉翻译的三种思维差异，即抽象思维和形象思维、分析性思维和综合性思维，以及本体型思维和客体型思维，并讨论这三种思维在具体翻译案例中的体现。本章还重点讨论在翻译过程中，如何避免出现欧化中文和中式英语等现象。

第三章"虚假对应和翻译语境"主要分析英汉语言中存在虚假对应的案例，并结合语境知识，讨论在翻译过程中，如何根据词语的使用、时间地点因素、发出者和接受者特点、话题和文化等方面来分析文本的语境。第二章和第三章主要从宏观的思维和语境层面，讨论英汉翻译问题，是有关双语知识和语言外方面的知识。

与前面两章相比，第四章"英汉语言结构比较"关注更为微观的语言问题，特别是英汉语言在语法结构上的异同，具体涉及英语和汉语的基本句型分析和对翻译的影响，以及英语和汉语常见特殊句型的翻译，属于双语方面的知识。

第五章"翻译标准和规范"以翻译的不同评估标准作为切入点，讨论翻译评估过程涉及的各大方面，并着重从语言一致性、标点符号的选择和注释的添加原则等方面阐述翻译的标准和规范。本章主要是补充学习者在翻译行业方面的知识。

第六章"翻译辅助工具"分为翻译资源和翻译技术两节。第一节主要介绍现有的各类翻译资源，包括词典、术语库、语料库、百科全书和搜索引擎等。第二节主要介绍常见的编辑工具，以及计算机辅助翻译技术，主要属于翻译工具方面的知识。

第七章"词汇层面的翻译技巧"讨论基于词汇层面的翻译技巧，包括增译、省译、词性转换、解包袱法、正译和反译等，并具体介绍翻译技巧的使用方法和使用原则。

第八章"句子层面的翻译技巧"包括句子的拆分、合并、语序调整，分别讨论不同的翻译技巧的使用方法和原则。第七章和第八章属于翻译技巧和策略方面的知识。

第九章"语篇分析与翻译"从语篇的层面讨论翻译案例，着重讨论主位结构的几类常见推进模式，以及英汉主位结构和推进模式的异同。信息结构部分主要讲解英汉语言信息组织方面的异同，并重点讨论并列句和主从句的信息结构特点及翻译注意事项。

第十章"文体分析与翻译"主要介绍语言语法和文体的关系，讨论词源和词类在使用过程中的文体效果。本章同时讨论辞格的分类和主要辞格的翻译，如比喻、排比、对仗等的翻译。第九章和第十章与双语知识、语言外知识和翻译方面的知识相关。

总体来说，本书的编排主要根据宏观和微观相结合的原则，第二、三、四和五章从两种语言的思维模式、语言特点和语法结构等宏观角度展开讨论，为翻译学习者建立宏观的知识体系。第七、八、九和十章从较为微观的角度出发，根据语法的不同层面、从词汇到语篇讨论翻译的问题。书本的编排还考虑到对不同翻译子能力的培养，基本涵盖本章第二节中所提及的五个子能力的内容。

本章参考文献和推荐阅读：

［1］ CATFORD J. A Linguistic Theory of Translation ［M］. London：Oxford University Press，1965.

［2］ COLINA S. Translation Teaching：From Research to the Classroom：a Handbook for Teachers ［M］. Boston：McGrow Hill，2003.

［3］ HOLMES J. The Name and Nature of Translation Studies ［C］∥ VENUTI L. The Translation Studies Readers. London and New York：Routledge，2000：172 – 197.

［4］ HURTADO ALBIR A. The Acquisition of Translation Competence：Competences，Tasks，and Assessment in Translator Training ［J］. Meta，2015，2：256 – 280.

［5］ JAKOBSON R. On Linguistic Aspects of Translation ［C］∥ BROWER R. On Translation. New York：Oxford University Press，1959/1966：232 – 239.

［6］ GILE D. Basic Concepts and Models for Interpreter and Translator Training ［M］. Amsterdam/Philadelphia：John Benjamins，1995.

［7］ LAWENDOWSKI B. On Semiotic Aspects of Translation ［C］∥ SEBEOK T. Sight，Sound and Sense. Bloomington：Indiana University Press，1978：264 – 82.

［8］ NIDA E，TABER C. The Theory and Practice of Translation ［M］. Leiden：E. J. Brill，1969/1982.

［9］ PACTE. Acquiring Translation Competence：Hypotheses and Methodological Problems of a Research Project ［C］∥ Beeby A，ENSINGER D，PRESAS M. Investigating Translation. Amsterdam：John Benjamins，2000：99 – 106.

［10］ SHREVE G. Cognition and the evolution of translation competence ［C］∥ DANKS J，SHREVE G，FOUNTAIN S，MCBEATH M. Cognitive Process in Translation and Interpreting. London：Sage Publications，1997：120 – 136.

[11] TOURY G. A Rationale for Descriptive Translation Studies［A］∥HERMANS T. The Manipulation of Literature：Studies in Literary Translation［C］. London：Croom Helm, 1985：16-41.

[12] 苗菊. 翻译能力研究——构建翻译教学模式的基础［J］. 外语与外语教学, 2007（4）：47-50.

[13] 谭载喜. 西方翻译简史［M］. 北京：商务印书馆, 1991.

第二章　英汉语言比较

人们由于生活的地区不同，语言和文化不同，思维方式也不同。而语言与思维紧密相关，相互影响，相互依存。"语言的使用体现思维的选择和创造；翻译的过程，不仅是语言形式的转换，而且是思维方式的变换"（连淑能，2002：40）。英汉两种语言的思维不同，决定了这两种语言的表达方式有所区别，具体体现在词汇、语法、句式等方面。因此，了解两种语言思维的不同，对翻译实践大有裨益。

英汉两种语言的思维差异体现在许多方面。本章分为两节，第一节主要讲解对翻译实践影响较大的三种思维差异，第二节将进一步讨论不同思维对语言处理的影响。

值得注意的是，本章讨论的英汉语言思维特点，都是相对的、整体的特点，不是绝对的。其目的是给译者以启发，使译文更符合目的语的行文特点，表达更地道，而不是给译者套上枷锁，限制译者创造性的发挥。

第一节　英汉语言思维对比

英汉语言在思维上的差异，主要表现在抽象思维和形象思维的差异、分析性思维和整体性思维的差异，以及客体型思维和本体型思维的差异。

一、抽象思维和形象思维

关于抽象思维与形象思维的定义，各国不同领域的学者有不同的说法。为了方便讨论，抽象思维在本书中指的是在认识活动中注重分析、推理和论证，以探索事物本质的一种思维方式；形象思维则指在认识活动中依赖于具体的和直观的形象来解决问题的一种思维方式。

笼统说来，中国人偏重形象思维，擅长用形象的方法表达抽象的概念，注重直观经验，因此，汉语表达比较具体；英语国家的人则偏重抽象思维，擅长用抽象的概念表达具体的物象，注重理性，因此，语言表达比较抽象。

关于这一点，从英汉两种文字的发展和文字的语义特点可见一斑。汉字从一开始的图画到后来的象形文字和会意文字，无不体现出形象思维的特点。比如汉字"人"和"山"，能让人非常具体地想象出所指。而英语语言的发展则不同，字母的形成是不断从具体事物中抽象概括的过程，和客观世界的所指没有形象上的关联。因此，在翻译中，译者得注意抽象思维和形象思维对汉语和英语的影响。

[例2-1]
原文：她来回踱步，心里<u>七上八下</u>的。
译文：She paced up and down, feeling <u>unnerved</u>.

在上述例子中，可以看到原文用了"七上八下"这一成语，生动具体地形容"她"心里的忐忑不安。如果在译文中也把这么具体的表达翻译出来，则会出现中式英语。因此，可以看到译文的处理使用 unnerved 一词，相对于汉语原文来说，表述抽象化了。这是英语和汉语思维方式不同的一处体现。

[例2-2]
原文：I hope everyone can <u>make a little contribution</u> to the country's economic development.
译文：我希望每个人都可以为国家的经济发展<u>添砖加瓦</u>。

（招晓杏 译）

在例2-2中，英语原文 make a little contribution 可以处理为"做点小贡献"，但相对于这个表达，译文中的"添砖加瓦"更能体现出汉语思维形象化的倾向。因此，在翻译过程中，译者可结合两种思维的不同做出不同的调整，这样表达就会更多样化、更地道。

在翻译实践中，译者经常会受到不同思维模式的影响，在翻译过程中调整好思维模式，不仅能提高译文的准确度，还能使译文表达更加地道。

[例2-3]
原文：茗烟又嘱咐道："不可拿进园去，叫人知道了，我就'<u>吃不了兜着走</u>'了。"

（摘自曹雪芹的《红楼梦》）

译文："Don't take them into the Garden," Ming-yen warned him. "If they were found I'd <u>be in serious trouble</u>."

（杨宪益、戴乃迭 译）

在例2-3中，原文出现了"吃不了兜着走"这个形象的表达。初学者看到这样具体形象的表达可能会不知如何处理，但翻译不是语言的简单转换，更重要的是意思的传达。"吃不了兜着走"的意思是惹祸，或造成不良后果后必须承担责任。考虑到汉语偏形象思维，英语偏抽象思维，在汉译英的过程中，译者把这一表达处理为 be in serious trouble。虽然相比于原文，译文少了形象具体这一特点，但确保了原文意思的表达，也是翻译的一种选择。

在翻译过程中，还涉及将英语抽象表达中隐含的意义具体化的问题。

[例2-4]

原文： He had chosen Copernicus for this work because the letters of recommendation from Nikolaus Wodka and Albert von Brudzewo had sung <u>praises most highly with regard to the young student's knowledge of astronomy</u>.

（摘自 Heinz Sponsel 的 *Copernicus: Struggle and Victory*）

译文1： 他选择哥白尼来完成这项任务，因为沃德卡和布鲁楚斯基的推荐信，信中两人均<u>高度赞扬了这位年轻学生的天文学知识</u>。

（学生译文）

译文2： 他选择让哥白尼去完成这项工作，因为尼古拉·沃德卡教授和阿尔伯·冯·布鲁楚斯基教授都在推荐信中，<u>高度赞扬这位年轻学生在天文学方面知识渊博</u>。

（招晓杏 译）

例2-4的第一个译文对原文画线部分的处理是"高度赞扬［……］天文学知识"，在语法上没有问题，但搭配不符合汉语的思维方式和表达习惯；第二个译文按照原文的意思用增译的技巧把内隐的含义翻译出来，即"天文学方面知识渊博"，表达更具体，增词不增意，更符合汉语的思维方式和表达习惯。

抽象思维不仅体现在意义的隐性化，而且也体现在选用意义宽泛的功能词上。

[例2-5]

原文： It is rather for us to be here dedicated to the great task remaining before us—that from these honored dead we take increased devotion to that cause for which they gave the last full measure of devotion—that we here highly resolve that these dead shall not have died in vain—that this nation, under God, shall have a new birth of freedom—and that government <u>of the people, by the people, for the people</u>, shall not perish from the earth.

（摘自 Abraham Lincoln 的 *Gettysburg Address*）

译文： 我们更应该献身于我们面前的伟大任务，更应该不断向这些光荣牺牲的烈士学习，学习他们为事业鞠躬尽瘁、死而后已的献身精神，更应该在这里下定决心，一定不让这些烈士的鲜血白流；这个国家在上帝的保佑下，一定要得到自由和新生,这个民有、民治、民享的政府一定不能从地球上消失。

(许渊冲 译)

例2-5的原文出自林肯的《葛底斯堡演说》,用词简洁有力,几个介词of、by和for的妙用常常为人称道。但是介词的使用也导致表达更加抽象,如何使用形象的汉语来翻译这三个介词,是翻译的一个大挑战。许渊冲的译文中的"民有""民治"和"民享"这几个词源自1921年孙中山在《三民主义之具体方法》中的翻译,后来很多译者亦采用这种处理方法。这样表达使得行文更具体,符合汉语的表达习惯。

当然,具体化和抽象化是一种相对的特征。在抽象思维为主的英文中,也会使用具体化的表达;汉语文章也会出现抽象化的行文。译者在翻译过程中铭记这种两种语言的思维差异,有助于防止产出中式英语或出现不地道的表达。

练习强化:

请将下列中文句子翻译成英文,英文句子翻译成中文,并比较这些句子的原文和译文中哪些地方体现了英汉思维的不同。
(1) 我国政府非常关注那里的<u>严重局势</u>。
(2) 他从没想到在这个项目中会遇到这么多<u>拦路虎</u>。
(3) 快到十点了,她还没回到家,他<u>急得像热锅上的蚂蚁</u>。
(4) We respected him for <u>what he is</u>, not for <u>what he has</u>.
(5) He was shocked at the <u>significance</u> of such a task.

二、分析性思维和综合性思维

中国传统哲学注重整体,认为主观世界和客观世界存在于一体中。无论是儒家还是道家,都从不同的角度发展了整体思维模式。这种整体思维即是综合性思维,意指"把天、地、人和自然、社会、人生放在关系网中从整体上综合考察其有机联系,注重整体的关联性,而非把整体分解为部分加以逐一分析研究;注重结构、功能,而非实体、元素;注重用辩证的方法去认识多样性的和谐和对立面的统一"(连淑能,2002:42)。

而西方则重视个体思维。柏拉图首先提出了"主客二分"的思想,这种"主客二分"的思想即分析性思维,指的是"明确区分主体与客体、人与自然、精神与物质、思维与存在、灵魂与肉体、现象与本质,并把两者分离、对立起来,分别对这个二元世界作深入的分析研究"(连淑能,2002:43)。

汉语民族和英语民族各自不同的哲学理论和背景,造成了汉语思维重整体而西方思维重个体的特点。这种思维差异反映到语言表达层面上,具体表现为英美人谈问题常常从具体问题开始,而中国人谈问题常从宏观、全局的问题上讲起。受这种思维差异的影响,在空间概念上,英语的表达顺序是"街道→区→城市→国家"的从小到大排列,而汉语的习惯表达顺序为"国家→城市→区→街道"从大到小的排列。

[例2-6]

原文: The university is located in Shatin, NT, Hong Kong SAR, The People's Republic of China.

译文: 大学位于中华人民共和国香港特别行政区新界沙田。

(招晓杏 译)

因此,从例2-6我们可以看到原文的地址是从小到大排列,符合英文分析性思维的特点。而翻译成中文以后,地址顺序则从大到小排列,符合汉语综合性思维的特点。除了空间顺序以外,时间顺序和姓名表达方式也能够体现出这种思维的差异。汉语在表达时间顺序上,顺序一般为年、月、日,英语则是日、月、年;汉语的姓名表达顺序为先说姓再说名,而英语则反过来。

汉语文化的综合性思维使汉语在发展时,不注重句子成分之间的形式关系,读者要根据上下文语境,分析出句子成分之间的逻辑关系。因此,相对于英语,汉语句子中的衔接词比较少,是重意合(parataxis)的语言。意合指的是"汉语句子少用甚至不用关系词,注重意思衔接,注重时间和逻辑顺序"(连淑能,1983:120)。

反之,英语的分析性思维使英语在发展时,注重系统和形式,在语言表达上重视形式和结构上的严谨。因此,相对于汉语,英语句子间的成分联系会从形态上体现出来,即重视形合(hypotaxis)。英语句子的形合指的是"英语句子常用关系词和其他连接手段,注重句子形式,注重结构完整"(连淑能,1983:120)。

形合和意合是英汉语言分析性思维和综合性思维差异的一大体现。例2-7是由元曲作家马致远创作的小曲散令《天净沙·秋思》。原文反映了汉语综合性思维的特点,词和词之间没有连接的标记,但却勾画出了一幅黄昏日暮的意境,是汉语意合的体现。而英语译文却需要使用方位词,衔接各个部分,这是英语形合的体现。

[例2-7] 原文:

枯藤老树昏鸦

小桥流水人家

古道西风瘦马

夕阳西下

断肠人在天涯

(摘自马致远的《天净沙·秋思》)

译文：
Over old trees wreathed with rotten vine fly evening crows;
Under a small bridge near a cottage a stream flows;
On ancient road in the west wind a lean horse goes;
Westward declines the sun;
Far, far from home is the heartbroken one.

（许渊冲 译）

英汉语言的综合性和分析性思维的不同，主要体现在句子结构和时间表达的差异上。

1. 句子结构不同

受到汉语综合性思维和英语分析性思维的影响，英语重形合而汉语重意合，在句子层面的具体体现为：汉语的句子结构较松散，而英语的句子结构紧凑严密。打个比方，英语的句子结构呈现出"树杈型"或"葡萄式"的句子结构，只有一个限定动词（主要动词）突出句子的主要意思，其他意思则借用非限定动词、介词短语、分句短语等表达。因此，英语的句子结构关系分明，词序比较灵活，句中词语位置的变化，一般不会影响读者的理解。汉语句子结构则是"竹竿型"或"流水型"，像竹子一样，按照时间或逻辑顺序一节节铺开，意思和词序的先后排列息息相关。

[例 2-8]

原文： 春节回家，看到家乡开小汽车的村民开始多了，虽然他们的穿衣打扮还是和从前差不多，但我看到他们开着超过15万的汽车时，心里很高兴。

（摘自李长栓的《非文学翻译》例子，有改动）

译文： During the Spring Festival, I was really happy to notice that though villagers in my hometown still dressed the same way as before, many of them now drove cars, some even as costly as 150 thousand *yuan*.

（参考李长栓的译文，有改动）

从例 2-8 可以看到，原文是一个非常典型的汉语流水型句子，虽然要表达的意思比较复杂，但仍可以根据词序的先后，将意思一层层按照逻辑顺序铺开。在翻译的时候，如果没有考虑到英汉两种语言的思维差异，翻译出来的英文句子就会比较松散。从译文可以看到，主句是 I was happy…，然后 that 从句里面又包含一个让步状语从句，that 和 though 像葡萄似的挂在主句上。这样处理，英文译文结构便更紧密，逻辑更清晰，表达更连贯，符合英语句子重形合的特点。

同样的，在做英译汉时，则需要根据汉语"流水型"句子的行文特点，利用词序来表达逻辑关系。

[例2-9]
原文：The tiger ate the chicken that ate the earthworm that lay under the tree.
译文：鸡吃了树下的蚯蚓，老虎把鸡吃了。

（招晓杏 译）

例2-9原文的英语句子结构紧凑，主谓结构突出，只用一个限定动词ate表达句子的主要意思，其他意思由定语分句表达，是"葡萄型"或"树权型"的句子，所以，结构关系清晰，词序比较灵活，可以前挂后联。但是汉语译文在表达复杂的意思时，往往是按照一定的时间顺序或逻辑顺序一步步展开，通过"流水型"的词序来展示这些时间或逻辑关系。

反之，在做汉译英的过程中，则需要在英文译文中添加相应的逻辑关联词。

[例2-10]
原文：天气很好，我们去游泳吧。
译文：As the weather is fine, let's go swimming.

在例2-10中，原文两个分句之间并没有使用任何形合的标记，是"竹竿型"或"流水型"的句子，体现出汉语重意合的特点。汉语句子通常按照事件发生的先后展开叙述，因果、条件、假设状语从句一般都放在主句之前。翻译成英文后，则需要注意前后两个分句的衔接，添加上形合的标记词，如例2-10的as。由于有标记词的存在，英文的从句可以放在主句之前，也可以放在主句之后，顺序比较灵活，虽然对文体有些影响，但不影响整体语义。

由于对衔接的标记词依赖程度不同，在英译汉的语篇翻译中，经常出现省略衔接词的现象。

[例2-11]
原文：It's too hard. The conversation is like a juggernaut. Or maybe a symphony. Yes. And I'm the flute. And I do have a tune, and I'd quite like to play it, but there's no conductor to bring me in. So I keep drawing breath, then chickening out.

（摘自Sophie Kinsella的 *I've Got Your Number*）

译文：和他们谈话对我来说太难了，就像重型卡车一样沉重，又或许像交响曲一样繁复。是的，我负责长笛部分，有自己的乐段。我很想吹出来，但是没有指挥示意我加入演奏，我只能在一旁不停地深呼吸，然后还是临阵退缩了。

（招晓杏 译）

从例2-11可以看到，原文有or、and、and、and、but、so还有then共7个连接词，但是在中文的译文中，只是翻译出来3个。这主要还是因为英语重形合，汉语重意合。如果译者在翻译过程中没有考虑到汉语和英语在语篇衔接上的不同，则会造成欧化中文或中式英语。

很多初学者在汉译英的时候，由于没有考虑汉英两种语言综合性思维和分析性思维的差异，没有注意中英文意合和形合的不同句型体现形式，在处理英译汉的过程，容易将英文中的标记词翻译到汉语中，使行文拖沓；而在做汉译英时，则缺少应有的衔接词，或者分句的顺序错乱，影响意思的表达。

2. 时间表达不同

汉语动词词形不会因为时间的不同而变化，时间主要通过词汇手段或句法手段体现，比如通过使用"了""着""过"等表示过去式，使用"已经"表示完成，使用"就要"和"将来"表示未来，使用"现在""当下"等表示现在。英语则通过动词形态变化来表达时间，这也是汉语重意合、英语重形合的另一种体现。若不注意这一点，在汉译英翻译过程中很容易就出现时间词冗余现象，在英译汉翻译过程中则容易就出现时态痕迹明显的英式中文问题。

[例2-12]
原文：这只狗狗很可爱。它今年多大了？
译文：The puppy is cute. How old is it <u>this year</u>?

（学生译文）

在例2-12中，原文用"今年"体现时间是符合汉语习惯的，但是当译文也用this year时，就会出现中式英语，这个表达是冗余的，句中的is已经可以表达现在时了，this year应该删除。

[例2-13]
原文：He will come to the party.
译文：他<u>将会</u>来参加派对。

在例2-13中，原文用了will来表示将来时，但是译文不需要出现"将"，因为"会"字已经表达出将来时，"将会"的表达时态痕迹过于明显，不符合汉语重意合的特点。

练习强化：

请将下列英文句子翻译成中文，中文句子翻译成英文，并比较这些句子的原文和译文中哪些地方体现了英汉思维的不同。

（1）Copernicus asked this with such force and determination that the professor was filled with admiration.

（摘自 Heinz Sponsel 的 *Copernicus*: *Struggle and Victory*）

（2）Occasionally he mumbled to himself something undiscernible, and here and there he took his quill to check one or other of the calculations.

（摘自 Heinz Sponsel 的 *Copernicus*: *Struggle and Victory*）

（3）He had flown back two days ago from Italy where he had spent his vacation after he completed a project in Beijing.

（4）这个面试很重要，你一定要做好充分准备。

（5）After he closed the door to his room, he dipped his quill into some ink and began to write.

三、本体型思维和客体型思维

汉语和英语的思维差异不仅表现在形象思维和抽象思维、综合性思维和分析性思维上，还表现在汉语的本体型思维和英语的客体型思维上。

本体型思维指的是在认识事物的过程中，以自身内心体验作为出发点，以人为中心去观察、分析、推理和研究外在世界中的事物。而客体型思维则指的是在认识事物的过程中，以客观世界为研究对象，从自然的角度去理解、解释和描述事物。"中国传统思维把主体自身作为宇宙的中心"（连淑能，2002：43），尊崇"人本思想"，慢慢就形成了本体型思维。而英语文化强调理性，主客分明，以物为本，倾向于客体型思维。

以下这两段取自《江城》的文字可以帮助我们理解这一点。

[...] the Chinese saw their landscapes differently than outsiders did. <u>I looked at the terraced hills and noticed how the people had changed the earth</u>, taming it into dizzying staircases of rice paddies; <u>but the Chinese looked at the people and saw how they had been shaped by the land</u>.

The next day we rode the Daning the way tourists were supposed to, on the authorized boats that charged eighty yuan and came with a guide. He showed us the rock formations we had paid to see—the Pig God Praising Buddha, the Dragon's Head, the Horse's Ass, the Lying Beauty—and the rest of the tourists, all of whom were Chinese, squealed in delight as they tried to recognize the shapes in the broken cliffs. <u>This was a ritual at every Chinese nature site; there seemed to be no value in the natural world unless it was linked to man—some shape that a mountain recalled, or a poem that had been written about it, or an ancient legend that brought the rocks to life.</u>

［摘自 Peter Hessler（汉名：何伟）的 *River Town*］

在以上两段话中，第一段话的画线部分正是体现了英语思维主客分明、汉语思维以人本为体的思维特点。而第二段话画线部分所描绘的是国人非常熟悉的场景：每当我们去到一个新地方，看到一个新景点，若该处不和某个著名人物、某件事或某部电影等联系在一起，似乎就没有意义；若听到导游介绍该景点时，提及该地和某个著名诗人或著名诗句有关，又会顿时产生兴趣。

这两种不同的思维模式对语言的显著影响体现在汉语注重主体性的表达，习惯用人称主语，而英语注重客体性的表达，习惯用抽象概念、心理感觉、事物名称或时间地点等无灵主语或形式主语。

[例 2-14]
原文：What happened to you?
译文：你怎么了？

在例 2-14 中，原文的主语是疑问代词 what，而翻译为汉语，主语则成了"你"，这即是客体型思维差异和本体型思维的体现。类似的例子还有很多，如"What's wrong with you?"和"What's the matter with you?"我们一般都翻译为"你怎么回事"和"你怎么了"，将主语换成了人。

此外，汉语本体型思维和英语客体型思维差异还体现为汉语习惯用主动语态，英语多用被动语态。物称导致英语有使用较多被动语态的倾向，虽然被动语态在古代汉语中也能找到，但频率没那么高，而且一般是表示不幸或不愉快的事情和经历。因此，相对于汉语来说，英语使用被动语态的频率会比较高。

[例 2-15]
原文：He was awarded the Nobel Prize.
译文：他获得诺贝尔奖。

在例 2-15 中，原文使用被动语态。受到西方语言的影响，初学者在翻译过程中常常保留原文的被动式，但被动语态在汉语中比较生硬，如余光中下面的论述：

目前中文的被动语气有两个毛病。一个是用生硬的被动语气来取代自然的主动语气；另一个是千篇一律只会用"被"字，似乎因为它发音近于英文的 by，却不解从"受难"到"遇害"，从"挨打"到"遭殃"，从"轻人指点"到"为世所重"，可用的字还有许多，不必套一个公式（余光中，2002：168）。

因此，考虑到英汉语言思维的差异，我们可以把例 2-15 翻译为主动语态，这样一来，表达更自然。

在具体翻译实践中，英语中的物称是翻译的一大难点。

[例2-16]
原文：The charms of the north seem entirely lost on you.

（摘自美国电视剧 Game of Thrones）

译文：你好像对北境的魅力无动于衷啊。

（招晓杏 译）

在例2-16中，主语是抽象名词 the charms，即上文所说的用物称作主语。翻译时若要用同样的主语，如译为"北境的魅力似乎在你身上完全丢失了"，一方面会显得表达很奇怪，另一方面不符合汉语的思维特点，因此需要把原文的物称主语转化为人称主语，如例2-16译文所示。

[例2-17]
原文：我记不起他的名字。
译文1：I can't remember his name.
译文2：His name escaped me.

在例2-17中，译文1和译文2都没有问题。我们在翻译时，用第一种方式处理的更多。但若考虑英语的客体型思维特点，则可多一个选择，而且第二个译文更地道、更自然。

练习强化：
请将下列英文句子或段落翻译成中文，中文句子或段落翻译成英文，并比较这些句子和段落的原文和译文中哪些地方体现了英汉思维的不同。
（1）我生病了，没法参加这次考试。
（2）The remembrance of these will help him recover soon.
（3）Chinese education owes a great debt to him.
（4）必须找到问题，改进教学方法。
（5）Among them was Nikolaus Copernicus. His eyes were almost closed as he listened to the murmuring of the waves. There was nothing on the river as far as he could see. By the river's edge, a few boats were dancing up and down, firmly chained to posts. As the chains rattled against the posts he became aware of the high masts among them. The colorful sails of red, blue and white were not to be seen because they were stashed away at the bottom of the boats; the ropes, however, vibrated softly in the wind. Nikolaus turned his head and looked at the familiar picture of his hometown with its towers and gates. Then

he reclined again into the sand and felt its beautiful warmth radiating from the small grains. He closed his eyes to the glistening rays of the sun as it wandered like a golden ball across the wide sky.

(摘自 Heinz Sponsel 的 *Copernicus*: *Struggle and Victory*)

第二节 欧化中文和中式英语

一、欧化中文

欧化中文也叫西化中文或英式中文，指的是语法、文笔、风格或用词受欧洲语文过分影响的中文，这种说法一般带贬义。欧化中文除了缺乏传统中文的特色，也可能因为用词繁琐生硬，导致阅读及理解上的障碍（Net.1.）。

汉语语言的变化受到几次大规模翻译活动的影响。在佛教典籍翻译阶段，汉语还处于强势时期，其他文化对汉语的影响较小，主要体现在汉语词汇上，如"随缘"等词汇的引入。对汉语影响较大的是清末民初的文学翻译阶段。汉语的表意基本单位是单字，受到西方文学翻译作品的影响，汉语开始使用两字词来移植舶来的概念。加上清末维新运动者提出"我手写我口"的白话文运动口号，"一般学者的论调极端西化，语文方面的主张也不例外"（余光中，2002：87）。

欧化中文在特定的时期有一定的积极性。当白话文还不成熟、表达能力有限时，汉语通过翻译作品这一媒介，移植了西方语言的语法结构，丰富了汉语的表达。对于汉语西化，学者有不同的意见。以鲁迅为首的学者持赞成态度，而以严复、林纾等为代表的学者则持反对意见。今天我们看来，欧化有善性的欧化，也有恶性的欧化。善性的欧化能丰富汉语的表达，增强汉语结构和表达的严谨程度；而恶性的欧化则使汉语表达不通，不中不西，难以理解。本节主要讨论恶性的欧化对翻译质量的影响。

欧化中文有多种体现，有时候体现在词语的冗余上。

[例2-18]

原文：It was at this time that the fishermen came out of their huts to prepare for their daily trip.

(摘自 Heinz Sponsel 的 *Copernicus*: *Struggle and Victory*)

译文：正是在这个时候，渔民们从小屋出来，准备每日的出海。

(学生译文)

由于受到英文分析性思维的影响，英文中形合句子偏多，在翻译的过程中，初学者很容易把原文的形合标记都翻译出来，造成译文出现一些多余的词语，如动词、冠词、代词、连词、副词、助词等。在例 2-18 中，"们"字就是冗余的。中文本是意合的语言，即使没有出现"们"字，根据上下文也可以判断此处是单数还是复数，不用"们"字会更简洁。生活中有不少类似的例子，在出现形容词"许多""一些"等词语的情况下，如"所有的老师们""全国的同胞们""莘莘学子们"等表达，"们"字的出现都是赘余的。

[例 2-19]
原文：Our alumni have made great contribution to our country.
译文 1：我们的校友对我们的国家做出了重大贡献。

（学生译文）

译文 2：我们的校友对国家贡献很大。

（招晓杏 译）

在例 2-19 的原文中，动词 contribute 派生为抽象名词 contribution。余光中认为，"英文好用抽象名词，其结果是弱化了动词。由于科学和公文的用语大举入侵，许多明确有力的动词渐渐变质，成为面无表情的词组"（2002：153）。译者将这些英语弱动词照搬到汉语中，就形成"动词 + 抽象名词"的搭配。目前最流行的是"进行""做出（做了）"和"变得"等。例 2-19 就是一个典型的例子，原文的 make great contribution to 的结构在译文 1 中照搬过来，但根据汉语形象思维的特点，译文 2 更简洁。

除了照搬弱化动词造成的欧化中文，时态也是一个难点。

[例 2-20]
原文：He'll come and see you tomorrow.
译文：他明天将来看你。

例 2-20 的译文同样受到英语形合思维的影响，把英语表示时态的标记翻译出来，造成欧化现象。汉语是意合的语言，英文的将来时态不一定需要翻译成"将"，过去时态也不一定要翻译为"曾经"，只需要借助一个时间名词就能够体现时态，如将上例译为"他明天会来看你"，表达会更地道。

照搬英文的介词短语，也会造成欧化句式。

[例 2-21]
原文：He turned around and walked slowly over to his guest with heavy steps.

译文 1：他转过身，以沉重的步伐慢慢地走向客人。

（学生译文）

译文 2：他转过身，慢慢地走向他的客人，步伐沉重。

（招晓杏 译）

在例 2-21 中，原文用了 with heavy steps 这个介词短语，体现了英语抽象思维的特点，但是翻译的过程中，要尽量摆脱源语思维的影响，按照汉语形象思维的特点处理。译文 1 处理为"以沉重的步伐"，表达显得啰唆，而译文 2 则摆脱了英语抽象思维和语言形式的影响，按照汉语的表达习惯拆分句子，表达更具体、更简明和更生动。

英文从句在翻译过程也容易出现欧化句式。

[例 2-22]
原文：He loves her so much that he can't accept the fact that they have divorced.
译文 1：他如此爱她，以至于他接受不了他们已经离婚的事实。
译文 2：他如此爱她，无法接受他们离了婚这件事。

英语有丰富的句型和固定的表达法，初学者受原文结构的影响，在翻译时往往照搬原文结构，或者照搬词典上的翻译，没有考虑汉语的地道表达。如例 2-22 所示，第一个译文就是把"so...that..."这个常见的结构译为"如此……以至于……"，不符合汉语的表达习惯。相比之下，第二个译文更为合理。

最后一种常见的欧化汉语是过度使用被动语态。

[例 2-23]
原文：She was awarded the first prize.
译文 1：她被授予一等奖。
译文 2：她获颁一等奖。

例 2-23 原文使用被动语态。受到英语句法的影响，也可能源于英语学习过程中，英汉互译是其中一种重要手段，初学者容易在翻译时一看到被动语态就会翻译成"被"字句，而没有进一步考虑该句汉语是否表达地道。然而，汉语习惯用"被"字句表达不好的情况，而且汉语中表达被动语态除了被字句，还有"给""把""受""让""叫""为"等处理方式，因此，遇到英文被动句时，需要避免条件反射似地使用"被"字句，根据上下文的语境和文体，确定是否适合使用被动句，是否还有更好的处理方式，尽量避免欧化表达。

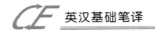

练习强化：

请将下列的英文句子翻译成中文，尤其注意画线部分的译文是否避免了欧化现象。

(1) She began the task <u>with such frenzy</u> that even her father was surprised.

(2) Businessmen find it very difficult to <u>carry on their commercial activities</u> here.

(3) We firmly believe that our country <u>will be</u> strong and prosperous.

(4) He could not conceal his annoyance <u>at being interrupted</u>.

（摘自《牛津高阶英汉双解词典》）

(5) The problem is <u>too</u> complicated <u>to</u> be solved in a short time.

二、中式英语

在讲解这一节之前，我们得先区分中式英语和中国英语。20 世纪 80 年代，中国英语教育界的先驱葛传椝先生在《漫谈由汉译英问题》一文中首先提出了中式英语（Chinese English 或 Chinglish）和中国英语（China English）的区别。他认为，"英语是英语民族的语言，任何英语民族以外的人用英语，当然应该依照英语民族的说法。不过，各国有各国的特殊情况。就我国而论，不论在旧中国还是新中国，讲或写英语时都有些我国所特有的东西需要表达"（1980：2）。他认为这些表达"不是 Chinese English 或 Chinglish，而是 China English。英语民族的人听到或读到这些名称，一时可能不懂，但一经解释，不难懂得"（1980：2）。

李文中将中国英语（China English）定义为"是以规范英语为基础，表达中国社会文化诸领域特有事物，通过音译、借译及语义再生等手段进入英语交际，得到英语母语者认同的英语变体"（1993：19）。比如，wonton（馄饨）、kowtow（磕头、臣服）、majong（麻将）等，都属于中国英语（China English），是带有中国特色的表达，也已经为英语国家的人所接受。而中式英语则是"中国的英语学习者和使用者由于受母语的干扰和影响，硬套汉语规则和习惯，在英语交际中出现的不合规范的英语或不合英语文化习惯的畸形英语"（ibid.：19）。比如把"走入社会"翻译为 enter the society，这样处理不符合英语规范，因为在英语中，人就是 society 的一部分，根本不需要 enter。这样的表达属于中式英语的范畴。

从以上定义的区分可以看出，中国英语和中式英语的主要区别在于：前者是规范英语，慢慢得到英语母语者的认可，是两种文化交流的成果；而后者不合规范，无法为英语母语者所接受，在跨文化沟通过程会产生负面影响。本部分主要讨论的是对翻译产生负面影响的中式英语。

中式英语的形成原因，主要与中国传统英语教学和学习过程中过于注重英语语法和词汇等结构性知识、忽略英语的习惯表达方式有关；同时，也由于受到汉语思维的影响，翻译出来的英文表达不符合英语思维习惯，如表达搭配不地道，句型生

第二章 英汉语言比较

硬。典型的情况体现为中国读者能够看懂，但译文却无法为英语母语者接受。因此，在翻译中，学习者需要注意避免照搬字典上的解释，应转变思维，先理解后翻译，借助可比文本（平行文本），积累英语的地道表达方法，避免出现中式英语。

中式英文主要体现在词语和句子两个层面。词语层面主要体现为词语搭配和表达。

[例2-24]

原文：政府鼓励全社会参与科研创新活动。

译文：The government encourages <u>the whole society</u> to participate in scientific innovative activities.

[例2-25]

原文：周医生的女儿将出国升学，为了多认识<u>社会</u>，她趁暑期在一家餐厅当侍应。

译文：Dr. Zhou's daughter is going overseas to further her studies. Wanting to know more about <u>the society</u>, she took a summer job as a waitress in a restaurant.

上述两个例子都出现对中文词"社会"的翻译。初学者可能会不加思索就翻译为society，忽略该词在英语中的搭配和用法。中文中的"社会"一词，有时候是一种借喻用法，用于指代生活在该社会中的人们；而在英文中，却没有这种用法。作为抽象名词，society并没有发出动作的能力。了解该词在英文中的特点后，译者必须结合上下文，在表达上稍作变通，如将例2-24的译文修改为："The government encourages more investment in the innovative activities across all sectors"。

同理，例2-25中，中式英语的产生也是源于两种语言对该词理解的不同。在中文中，"社会"常被用来与"学校"做平行对比；而英语中的society指的是所有人生活的世界，其中包括学校。区分清楚"社会"一词与society一词在内涵上的差异后，例2-25译文中的the society可以修改为the real world。

冗余是词语层面另一种常见的中式英语。

[例2-26]

原文：我们必须进行经济领域的改革。

译文：We must conduct reforms in the sphere of the economy.

词语冗余是中式英语的一大问题（平卡姆，2000：2）。如例2-26所示，原文的"经济领域的改革"翻译为conduct reforms in the sphere of economy即是名词冗余的一个典型例子，in the sphere of多余，其与economy之间的搭配也不地道。可以修改为"We must conduct economic reforms."，使用economy的形容词形式economic修饰reform，以避免中式英语的产生。类似这样的例子还有把"红色"翻译为red in

23

color, in color"完全就是语义的冗余。

有时候，因为对英语词汇内涵的了解不够全面，在翻译中过于受到汉语语言的束缚也会造成冗余。

[例 2-27]
原文：他们应该仔细检查计算结果。
译文：They should conduct a careful examination of the calculation.

例 2-27 属于动词的冗余，因为英文中的 examination 已经包含了中文的"仔细检查"这一语义，译文 conduct a careful examination 中显然可以去掉 careful 这一个多余的修饰语。

表示时态的词汇也常在英文译文中产生冗余。

[例 2-28]
原文：以后，我们的卫生条件会改善。
译文：Our hygienic conditions will be improved in the future.

（学生译文）

英语译文中的 will be 已经体现出将来时，因此无需再添加 in the future。类似的情况还包括对时间副词 now、at present 和 in the past 等的冗余使用。因此，初学者在翻译时必须注意此问题。另外，"卫生条件"使用 hygiene 一词就可以表达清楚，加上 conditions 则有画蛇添足之嫌。综上所述，原译文可修改为"Our hygiene will be improved."，如此一来，表达显得简洁许多。

句子结构层面的中式英语主要体现为英文句式臃肿啰唆，这也是因为译者没有把握好词汇层面的翻译而导致的。

[例 2-29]
原文：他带领督查组到清远进行人感染 H7N9 禽流感疫情防控措施落实情况实地督查。
译文 1：He led an inspection team to Qingyuan for the inspection of the implementation of the prevention and control of human infection of H7N9 avian influenza.

（学生译文）

译文 2：He led a team to Qingyuan to inspect the prevention and control measures of H7N9.

（招晓杏 译）

在例 2-29 中，译文 1 和译文 2 的区别在于，译文 1 比较紧跟原文的文字，出现了语义重复，包含较多名词与介词 of。这种典型的名词肿胀情况，容易造成译文啰唆，影响理解。而译文 2 避免了中式英语的问题，用动词形式简化结构，使表达更加简洁易懂。因此，相较于译文 1 而言，译文 2 更加地道。平实的英语是以动词为基础的，能够让表达简明、生动、清晰。

在汉译英的过程中，还有一个容易出现的中式英语问题：缺少足够的逻辑连词，或误用、滥用逻辑连词。

[例 2-30]
原文：有些病人很精打细算，自己看完医生会说："你顺便看看我的孩子吧！"
（摘自区乐民的《把忧伤射到天空》）
译文 1：Some patients are really cost-saving because after they go to the doctor, they would ask, "Because you're at it, would you please also do some checking for my child?"
（学生译文）
译文 2：Some patients are really good at stretching their dollar. After their own consultations, they will say, "While you're at it, why don't you have a look at my child?"
（招晓杏 译）

例 2-30 的译文 1 把前后两个分句的关系处理为因果关系，但是一个人是否精打细算与他们看医生时所问的问题之间没有明显的因果关系，很显然这里的 because 属于误用。再者，译文 1 中有两处词语选择都属于中式英语。第一个是"精打细算"翻译为 cost-saving，该词是商业用语，原文和译文的意思不相符；第二个是"看完医生"译为 after they go to the doctor，有"病人已经离开医院"的意思，而原文想表达的意思是病人结束问诊后，因此应该修改为 after they consult the doctor 或 after their own consultation。在翻译时可按照译文 2 处理，避免出现中式英语。

练习强化：
请将下列中文句子翻译成英文，思考译文是否出现了中式英语。
（1）您今年几岁了？
（2）委员会应对下一步该做什么马上做出决定。
（3）这台先进的设备是我们去年从国外进口的。
（4）长江三角洲具有丰富的旅游资源。
（5）我们务必要保证疫情会商的及时性、全面性和科学性。

本章参考文献及推荐阅读：
［1］STRUNK W. The Elements of Style ［M］. New York：Dover Publications，2006.

［2］ ZINSSER W. On Writing Well ［M］. New York：Harper Collins Publishers Inc. ，2001.

［3］ 包惠南. 文化语境与语言翻译 ［M］. 北京：中国对外翻译出版公司，2001.

［4］ 邓炎昌，刘润清. 语言与文化—英汉语言文化对比 ［M］. 北京：外语教学与研究出版社，2018.

［5］ 董桥. 文字是肉做的 ［M］. 上海：文汇出版社，1997.

［6］ 葛传椝. 漫谈由汉译英问题 ［J］. 翻译通讯，1980 （2）：22 – 23.

［7］ 金圣华. 齐向译道行 ［M］. 北京：商务印书馆，2011.

［8］ 李文中. 中国英语与中国式英语 ［J］. 外语教学与研究，1993 （4）：18 – 24.

［9］ 连淑能. 论中西思维方式 ［J］. 外语与外语教学，2002 （2）：40 – 48.

［10］ 连淑能. 略谈汉英语法特点 ［J］. 厦门大学学报（哲学社会科学版），1983 （3）：113 – 125.

［11］ 连淑能. 英译汉教程 ［M］. 北京：高等教育出版社，2010.

［12］ 琼·平卡姆. 中式英语之鉴 ［M］. 北京：外语教学与研究出版社，2000.

［13］ 思果. 翻译研究 ［M］. 北京：中国对外翻译出版公司，2000.

［14］ 叶子南. 高级英汉翻译理论与实践（第二版）［M］. 北京：清华大学出版社，2008.

［15］ 余光中. 余光中谈翻译 ［M］. 北京：中国对外翻译出版公司，2002.

［16］ Net. 1. 欧化中文 ［EB/OL］. ［2019 – 08 – 01］. https：//baike. baidu. com/item/%E6%AC%A7%E5%8C%96%E4%B8%AD%E6%96%87/9810789？fr = aladdin.

第三章　虚假对应和翻译语境

翻译需要传达原文的意思，这不是简单的语言符号的转换。要做到正确传达意义，就必须了解语境。语境意识对于译者而言至关重要。在整个翻译过程中，译者必须依靠常识和知识积累去判断和解读翻译语境，既要关注文本内的信息，又要关注文本外的因素。本章将主要探索英汉语言中的虚假对应问题，并讨论译者如何把握语境、规避虚假对应对翻译质量的影响。

第一节　英汉语言的虚假对应

翻译初学者往往对翻译存在误解，以为翻译仅是语言间的转换。遇到不懂的字词，只要求助字典，把对应的表达搬进译文中，再稍微修饰润色一下表达方式就大功告成。然而，翻译其实不仅是语言转换，译者在翻译过程中，如果没有关注语言的使用语境，就会造成虚假对应的情况。

虚假对应（false correspondence），也叫假朋友（false friend），指的是某些句子或词组在翻译中，表面上看似与源语对应，实际上却语义背离。翻译不是填字游戏，若不考虑整体语境，只是把一个个字块或词语塞到译文中，就会译出不地道、不符合原文意思甚至难以理解的句子。正如我们熟知的"好好读书，天天向上"，若翻译为"Good good study, day day up."，虽然保留了原文的节奏和风格，看似也忠实传达了原文的意思，但这样的表达在英语中不符合语言表达习惯，无法理解。

[例3-1]
原文：How are you?
译文：怎么是你？

（网络反面案例）

[例3-2]
原文：How old are you?
译文：怎么老是你？

（网络反面案例）

上述例子虽然是一种调侃，却是字对字错误翻译的典型案例。究其因，在于译者在翻译过程中忽略了源语的语法与文化，只是把词典的释义填进译文中。表面上看，每一个词的词义都与源语对应，但堆砌出来的翻译只是虚假对应，与原文的意思相差甚远。正确的理解应该是"你好吗？""你几岁了？"

即便是语法理解正确，若忽略了语境，一样会造成虚假对应。

[例3-3]
原文：Nearly all the students in this university sleep late during weekends.
译文：这所大学几乎所有的学生都会在周末睡懒觉。

例3-3的唯一的难点是sleep late的理解。较多的翻译初学者会认为sleep是延续性动词，表示睡的状态，所以sleep late表示睡的时间久，然后将该词组翻译为"睡懒觉"这一虚假对应。但是，翻译不仅要关注语法，更要关注语境。若语境中主要谈论sleeping late results in waking up late，这句话就会有截然不同的理解。因此，在翻译的过程中，切不可忽略语境，避免出现虚假对应。译者应该根据语境准确理解词语或句子的意思，再用符合目的语表达习惯的句子或词组翻译，正确传达源语的意义。

类似的虚假对应还经常出现在一些翻译专题实践中。在不同的话题或领域中，同一词语会有不同的意思，如policy一词在大多数情况下理解为"政策"，但是在保险领域，则应理解为"保险单"。又如balance一词在大多数情况下意为"平衡"，但是在商务领域，意思常理解为"结余、差额"。这两个是受话题语境因素影响语义选择的例子。译者在做翻译之前一定要做好充分准备，在短时间内快速熟悉一个领域的背景和有关词汇，这样才能提高翻译效率，保证翻译质量，避免虚假对应影响译文质量。

针对虚假对应的现象，在翻译实践中需要采取脱离语言外壳的方法，详尽分析语境。

[例3-4]
原文：Karlie just turned two, but she sometimes acts like a grown-up girl. Last night, when I walked into the room, she held out her hand and bade me good-evening.

译文1：卡莉刚满两岁，但有时却表现得像个小大人。昨晚我走进房间时，她伸手和我道晚安。

（学生译文）

译文2：卡莉刚满两岁，有时却表现得像个小大人。昨晚我走进房间时，她伸手和我问好。

（招晓杏 译）

在翻译的过程中，有些翻译初学者可能会纠结于 evening 和 night 之间的区别，这说明译者在翻译过程中依然是用语言思维考虑问题，无法脱离语言外壳，忽略了翻译需要注意语言在生活中如何使用。将 good evening 翻译为"晚安"，显然需要更多的语境，如走进的房间是否为卡莉的卧室等。事实上，good evening 和英文中的 good morning 一样，只是一句问候语，因此，译文 1 是虚假对应，更为合适的翻译是译文 2。

除了分析上下文语义的关联以确定选词以外，翻译过程词义的选择还需要考虑更为宏观的文化语境。

[例 3-5]

原文：The name Copernicus even found its way into the chambers of the Vatican, where Pope Alexander VI listened thoughtfully to the story told to him by a haggard monk in a rough cowl.

（摘自 Heinz Sponsel 的 Copernicus: Struggle and Victory）

译文："哥白尼"这个名字甚至进入了梵蒂冈会堂，教皇亚历山大六世在这里用心地倾听一个身穿粗糙斗篷的枯槁修道士给他讲述这个故事。

（招晓杏 译）

例 3-5 出现了 monk 一词。该词在字典中分别有"和尚""僧侣"和"修道士"等几个释义。在本例的上下文中，可看到该词与 Vatican（梵蒂冈）有关，梵蒂冈是罗马教廷的所在地，因此，原文中的 monk 一词，更准确的理解应该是"修道士"。

此外，一些词语与不同文化的使用习惯相关，翻译时更需要避免望文生义，避开虚假对应。

[例 3-6]

原文：相比之下，这个软件设计不够人性化。
译文：In comparison, the design of the software is not user-friendly.

（招晓杏 译）

在例 3-6 中，"人性化"一词可能会让较多的翻译初学者想到"人"的对应英文词 human，然后译文脱离不了该词"人"这部分的影响，如选择 humanized 等。而根据语境，"人性化"的意思是设计更方便用户，因此，此处应处理为 user-friendly。

总的来说，翻译时切忌望文生义，要借助语境分析等方法，规避虚假对应。

练习强化：

请将下列句子和段落翻译成中文或英文，并讨论画线部分所指，注意根据语境翻译，避免出现虚假对应。

（1）Then he reclined again into the sand and felt its beautiful warmth radiating from the small grains.

（摘自 Heinz Sponsel 的 *Copernicus*: *Struggle and Victory*）

（2）As an obstetrician and gynecologist, he opened a practice in the Bronx shortly before World War II.

（摘自 2012 年 CATTI 三级英译汉试题）

（3）The sky in the west began to turn red, the seagulls were quiet and the curlews made their first tentative calls from the rushes.

（摘自 Joseph H. J. Liaigh 的 *Stillness and Storm*）

（4）The sails were taken in and the ships' gangways were pulled over to firm ground. Slowly the ringing of the bells died down. Now many busy hands began to unpack boxes and barrels. They opened bundles, which carried precious valuables from many different countries.

（摘自 Heinz Sponsel 的 *Copernicus*: *Struggle and Victory*）

（5）精神文明

（6）争取运动成绩与精神文明双丰收（亚运会口号）

第二节　语境与翻译

译者在翻译过程中，如果没有关注语言在实际中的运用以及语境，就会造成如上文所说的虚假对应的情况。学习翻译须具备翻译思维，正确把握语境，传达该语境下的词义。

理解与表达都是翻译过程中必不可少的一步，而语境对于正确理解原文至关重要。那么，语境具体指的是什么呢？语境概念由英国著名人类学家马林诺夫斯基（Bronslow Malinowski）于 1923 年首次用于语言研究。根据《牛津高阶英汉双解词典》的解释，语境指的是（某词、词组、语句等的）上下文。王东风则把语境定义为"运用语言进行交际的具体场合"（2009：1）。在具体的翻译实践中，我们可以将语境粗略地分为词语语境、时间和地点语境、发出者和接受者语境、话题和文化语境等四类。

一、词语语境

词语语境（verbal context），即上下文，或称为语言环境（linguistic context），或内语境（internal context），指词语在语篇状态下所处的语言环境（王东风，2009：2）。在翻译过程中，语言环境分析能够帮助我们确定词语的具体意思；特别是在翻译非实义词如代词时，更需要辨析语境。

[例3-7] Sept. 11 delivered both a shock and a surprise—the attack, and our response to it—and we can argue forever over which mattered more. There has been so much talk of the goodness that erupted that day that we forget how unprepared we were for it. We did not expect much from a generation that had spent its middle age examining all the ways it failed to measure up to the one that had come before—all fat, no muscle, less a beacon to the world than a bully, drunk on blessings taken for granted.

（摘自 Time 的 "Person of The Year 2001"）

在例3-7中，出现了三处物主代词it。孤立地看，it既可以指人，也可以指物。在翻译中，如果都处理为字典常见的释义"它"，则不符合汉语的表达习惯，因为汉语喜欢更为具体的表达，译文须尽量找到原文it所指代的内容，并在译文中翻译出来。

例3-7的第一处it出现在插入语中，理解受限于本身所处的分句，从语境中可以得知指的是attack。第二处it，出现在段落第二句，读者容易误以为指代的是attack，即"9·11"事件，但从so...that...这个结构的语境中，可以得知it指代的应该是本句空间距离最近的goodness，而并非attack。第三个it，出现在段落第三个句子中，受到that从句的限制，从语境中把握可以发现，该it指的是generation。

当碰到多义词的时候，词语语境可以帮助排除歧义，确定最精确的意思。

[例3-8]
原文：North Carolina trees are beautiful in deep autumn: greens, yellows, reds, oranges, every shade in between, their dazzling colours glowing with the sun.

（摘自 Nicholas Sparks 的 The Notebook）

译文1：在深秋时，北卡罗莱纳州的树木格外美丽：绿色、黄色、红色、橙色，它们之间的阴影和其耀眼的色彩在阳光的照耀下熠熠生辉。

（学生译文）

译文2：（他特别喜欢看那些树与树在河里的倒影。）北卡罗莱那州的树在深秋时节美不胜收，绿、黄、红、橙，浓淡相间，在阳光下光彩夺目。

（招晓杏 译）

关于 shade，字典中有多种释义，常见意思为"阴影"，如译文 1 的解读。但是，译者不能忽略整体语境。该词所在分句之前的一个分句提到北卡罗莱那州的树很美，有各种各样的颜色，后一分句也提到颜色，在这种"颜色"的语境中出现"阴影"显得很突兀。再者，该词有 every 修饰，说明是可数名词，作为"阴影"理解时，它是不可数名词，只有理解为"颜色、色度"时，才是可数名词。因此，结合语境，可知 shade 在语境中的意思为"颜色、色度"，译文 2 的理解才是正确的。

[例 3-9]

原文：The student's eyes were fixed on the professor's mouth and stared at his face as though he were a <u>vision</u> from another, unreal and ghostly world.

（摘自 Heinz Sponsel 的 *Copernicus*: *Struggle and Victory*）

译文：学生的眼睛盯着教授的嘴巴，凝视着他的脸庞，仿佛他是一个<u>幻象</u>，来自另一个虚幻的幽灵世界。

（招晓杏 译）

例 3-9 的 vision 一词在词典中同样具有多层意思。根据《牛津高阶英汉双解词典》，vision 常见的四种释义是：一是表示"视力、视觉"；二是表示"梦幻、幻象"；三是表示"异常漂亮的人或景象"；四是表示"电视或电影上的画面、图像"。但是很明显，把第一和第四个释义置于语境中，句子整体意思无法理解。从语境中可得知，vision 意思的理解与 unreal and ghostly world 密切相关，因此可知该词在语境中理解为"幻象"。以上的例子都是通过分析句子中的词汇构成，从而确定语境，进而帮助确定具体用词在这一语境下的意思。

二、时间和地点语境

王东风（2009）将时间语境定义为"话语所产生的时间"。时间语境有广义与狭义之分。"狭义的时间语境指的是话语所产生的具体时间"，而"广义的时间语境指的是话语所产生的时代或历史背景"（2009：7）。地点语境，则指"话语所产生的地点"（ibid.：7）。

译者在翻译过程中，需要注意时间和地点语境，因为话语会随着时间地点语境的改变而产生不同的意思。同一个词或一句话在不同的时间、时代、地点也会有不同的理解。

[例 3-10]

原文：Please note that the meeting will <u>begin at eight o'clock</u>.

译文：请注意会议将在 8 点钟举行。

（招晓杏 译）

在例 3-10 中,若时间语境是上午 8 点以前,画线部分可理解为上午 8 点;若时间语境为下午,画线部分则可理解为晚上 8 点。由此可知,同一个表达在不同的时间段中,意思会有所变化,译者可以借助时间语境得到准确的理解。

[例 3-11]

原文:"Ellen, shut the window. I'm starving!" and her teeth chattered as she shrunk closer to the almost extinguished embers.

(摘自 Emily Brontë 的 *Wuthering Heights*)

译文:"艾伦,把窗户关了,我快要冻死了!"她往几乎熄灭的炉火余烬靠拢,上下牙齿格格抖着。

(招晓杏 译)

该例句中,starve 一词的理解受限于其时间语境。很多译者看到这句话,取 starve 现代用法的常见意思,把画线句子理解为"我快要饿死了"。但是根据上下文语境,可看出"饿死"与"关窗""牙齿打颤"以及"向炉火余烬靠近"没有关联。而根据《美国传统词典》(*American Heritage Dictionary*)可得知,starve 一词的古义有"冻死"的意思。因此,考虑到本句出处的小说 *Wuthering Heights*(《呼啸山庄》)写于 19 世纪,可推断"I'm starving!"一句在当时的时间语境中应理解为"我快要冻死了!"。

地点语境也是翻译实践需要考虑的一个重要因素。

[例 3-12]

原文:When is the next flight to San Jose?

译文:下一趟前往圣何塞的航班是什么时候?

(招晓杏 译)

在例 3-12 中,San Jose 的理解得结合具体话语产生的地点。若是在美国洛杉矶机场咨询处,或许会得到回复"Which San Jose?"(哪一个圣何塞)。美国加利福尼亚州的 San Jose 距离旧金山约半小时的车程,因各种高科技企业林立,被称为"硅谷首都"(Capital of Silicon Valley),而距离美国不远的中美洲国家哥斯达黎加的首都也叫 San Jose。例句中的 San Jose 指的是哪一座城市,还需要依靠上下文传递的具体地点语境来决定所指。

[例 3-13]

原文:Eastern Counties Native Plant Society decides to hold some house parties to raise money.

(摘自 Kim Klein 的 *Fundraising for Social Change*)

译文：东部县原生植物学会决定举办家居派对来筹款。

（招晓杏 译）

例 3-13 也涉及地点语境的问题。关于 county 的理解，字典中有两种意思比较常见：一是理解为"县"，指的是美国一个州的行政分支；二是理解为"郡"，指的是大不列颠和爱尔兰的行使行政、司法和政治功能的疆土分支。鉴于作者是美国人，书中的内容谈论的也是美国的募款情况，其地点语境应该为美国，句子的地点语境决定了 county 应理解为"县"而不是"郡"。

三、发出者和接受者语境

发出者指的是"话语的发出者，书面语为作者，口头交际为说话人"（王东风，2009：9）。理解和表达的过程要考虑话语发出者的身份、地位、性别、性格特点等，因为不同的人会有不同的说话风格，形成了"发出者语境"。因此，在翻译过程中，需要考虑信息的"发出者语境"，了解和研究作者的背景和风格，才能处理好翻译过程的理解和表达。

[例 3-14] Daisy: I don't believe it! I've never won nothing before!

（摘自英国电视剧 *Downton Abbey* 第三季台词）

在英国电视剧 *Downton Abbey* 中，伯爵一家说话的用词都比较文雅、得体，相比之下，厨娘 Daisy 及其他下人的用词显得俗一点，那么在翻译的时候就得需要考虑发出者语境，结合他们的身份地位选择合适的词语。在例 3-14 中，厨娘玩游戏赢得小礼品，觉得难以置信，于是说出了这句话。如果按照正统语法理解，这句话用了双重否定，理应表示肯定，但是语境中传达出来的意思却是 I've never won anything before（我从没有中过奖）。结合厨娘的身份地位和教育水平，可以理解这句话所要表达的意思。但译者如果翻译时忽略发出者语境，这里就会产生误解，在译文选词上，也会选择不合适的用词。

[例 3-15]

原文：In the classroom the boys, filled with excitement and anticipation, waited in their seats. One could see from their nicely tailored suits, made from fine cloth, that they were sons of well-to-do families of the land. They were sent to the cathedral school of Leslau to learn how to eventually take leading positions in the city. There were not many schools that admitted the children of poor people in the city or the surrounding countryside, and of the few that had opened their doors, hardly anyone had been successful in teaching these children how to read and write. The majority of children did not go to school and so had to learn what their parents could teach them. But there were many subjects taught in Leslau's Cathedral school: Latin and German, mathematics and natural sciences, geography, and singing.

The tense silence in which the boys expectantly awaited the teacher was suddenly interrupted by a whisper. It began in the back row and rippled through all the rows to the front:

"Did you know that we have a new boy coming today?"

"His uncle is supposed to be the Bishop of Ermland, Lukas Watzelrode!"

"Oh, so he must be nobility!"

(摘自 Heinz Sponsel 的 *Copernicus: Struggle and Victory*)

译文1:"哇!那他一定是贵族!"

译文2:"噢,那他一定是个贵族!"

(招晓杏 译)

在例 3-15 中,当哥白尼随老师走进教室时,小伙伴议论纷纷。而"Oh, so he must be nobility!"由其中一个孩子说出,若处理为译文1中的"哇!那他一定是贵族",这个"哇"字体现了听者的惊叹之情,但实际上从第一段的背景中可以看出,这群小孩都是来自非富即贵的家庭,听到哥白尼的舅舅是瓦尔米亚的采邑主教时,不应该有过于惊讶的反应,因为这不符合发出者语境。因此,这里应该选用"噢"会更合适语境,即译文2的翻译。

除了"发出者","接受者"也是一种重要的语境信息。"接受者"指的是"受话者和读者"(王东风,2009:10)。在翻译过程中,除了需要考虑信息发出者来确定措辞,也需要根据接受者的背景情况来确定译文的处理方式。接受者对译文的影响,小到对具体词汇的选择。

[例 3-16]

原文:Thunderstruck Nikolaus saw his brother's figure standing in the frame of the door.

(摘自 Heinz Sponsel 的 *Copernicus: Struggle and Victory*)

译文:哥白尼看到哥哥站在门框中,大吃一惊。

(招晓杏 译)

例 3-16 的 brother 一词在汉语中可以指哥哥,也可以指弟弟。但是结合接受者背景,我们知道在原文中指的是哥白尼的"哥哥",那这里只能翻译为"哥哥"了。这里的词语选择受到接受者语境因素的影响。

有时候,接受者也会影响到对句法结构的选择。

[例 3-17]

原文：They are adorable, they have those cute buckteeth and those wide, flat tails that look kind of like squash rackets or pancakes.

（摘自 Arnie Lightning 的 *Lucky the Frog*）

译文 1：它们拥有可爱的龅牙和看起来有点像壁球拍或者薄煎饼的又宽又平的尾巴，很讨人喜欢。

（学生译文）

译文 2：它们的龅牙很可爱，尾巴又宽又平，有点像壁球拍，又有点像薄煎饼，很讨人喜欢。

（招晓杏 译）

例 3-17 选自童话 *Lucky the Frog*，因为面向的读者群是儿童，译文表达必须简洁、易懂、生动，避免给儿童理解带来困难，影响阅读理解和兴趣。比较译文 1 和译文 2，我们可以发现译文 1 的句子比较长，对儿童读者来说，不容易理解整体内容，而译文 2 将长句化为一连串的短语，简单明了，节奏感强，符合儿童读者的知识背景和理解能力，因此，从接受者语境这一点来看，译文 2 的表达更贴近接受者背景。

四、话题和文化语境

话题，即话语所涉及的主题或内容（王东风，2009：12）。话题不同，同一词语有时候也会有不同的意思。如上文提到的 policy 和 balance 两个例子。因此在翻译过程中，熟悉一个领域的背景和专业词汇，才能保证翻译质量。

比话题更宽广的是文化语境。文化语境指的是"文本赖以生成的文化背景"。（王东风，2009：16）。在翻译的过程中，译者需要考虑文化语境，结合翻译目的决定应如何处理原文中的文化信息。

[例 3-18]

原文：Let he who has never had a kitchen grease fire <u>cast the first stone</u>!

（摘自 Thomas McGuane 的 *Hubcaps*）

译文：就让那些没经历过厨房油火的人<u>先来指责我吧</u>！

（招晓杏 译）

例 3-18 的画线部分出自《新约·约翰福音》的 "So when they continued asking him, he lifted up himself, and said unto them, He that is without sin among you, let him first cast a stone at her.", 因为这个典故，cast a stone at somebody 的含义可以

理解为"首先发难"。在翻译时，如果没有考虑到文化差异，用直译的翻译方法，对圣经内容不甚了解的读者可能会无法理解。因此，基于该处翻译的主要目的不是传递圣经文化，译者在借助文化因素理解原文、确定准确的意思之后，可以采用意译的方式，将原文译为"先来指责"。

练习强化：

请将下列句子和段落翻译成中文，并讨论画线部分所指以及每个例子中涉及了哪种语境因素。

（1）All around the city golden yellow fields stretched far into the distance, their grains ready for harvesting. <u>Wagons</u> laden with the autumn harvest stumbled with screeching wheels over the bumpy road.

（摘自 Heinz Sponsel 的 *Copernicus: Struggle and Victory*）

（2）The application statistics for Oxbridge, which are published online, make interesting reading. For example, according to last year's stats, more than one applicant in two for Classics got into Cambridge, whereas only one in five were admitted for English. <u>Public school</u> pupils now predominate on courses such as Classics and theology, but state school students needn't be put off from applying.

（摘自 *The Times* 的 "How to Get a Foot in the Door at Oxbridge"，13 October 2009）

（3）My younger sister graduated <u>last summer</u>.

（4）You got up <u>so early</u>!

（5）<u>Last February</u>, America's environment ministry held a meeting under the theme…

（6）All <u>aboard</u>!

（7）"Are you afraid of these masks, Nik?" The seafarer laughed. "Be content that you did not meet the islanders where the masks came from. You are young and they would have liked your tender flesh better than my old hard bones!"

本章参考文献及推荐阅读：

［1］李长栓. 非文学翻译［M］. 北京：外语教学与研究出版社，2009.

［2］李长栓，施晓菁. 理解与表达：汉英翻译案例讲评［M］. 北京：外文出版社，2012.

［3］李运兴. 翻译语境描写论纲［M］. 北京：清华大学出版社，2010.

［4］连淑能. 英汉对比研究［M］. 北京：高等教育出版社，1993.

［5］廖七一. 翻译研究：从文本、语境到文化建构［M］. 上海：复旦大学出版社，2014.

［6］王东风. 语言学与翻译：概念与方法［M］. 上海：上海外语教育出版社，2009.

［7］叶子南. 高级英汉翻译理论与实践（第二版）［M］. 北京：清华大学出版社，2008.

第四章　英汉语言结构比较

在漫长的历史长河里，不同地域的人们各有其自己的文化根源、思维方式和表达习惯，各自形成了自己的语言，每种语言有着自己独特的语法。英语和汉语分属于不同的语系，在词汇、语言结构、语篇特征等方面有着很大的差异。从语法层面了解英汉两门语言的异同，能够帮助译者理解原文，提高翻译质量。

简单来说，语法方面，英语句子成分主要有主语、谓语、宾语、表语、定语、状语、同位语、插入语等（张道真，2002：6）；汉语的句子成分同英语基本一样，可分为六种：主语、谓语、宾语、状语、补语、定语（刘月华等，2001：20）。在逻辑结构上，英语句子多注重形合，而汉语句子多注重意合，因此体现在句子结构上，二者有着很多不同，如英语句子必须符合严谨的英语语法规范。

[例 4-1]

Greenland's largest and most critical glacier, Jakobshavn, is gaining ice, according to NASA researchers. This finding is surprising.

（摘自 2019 年 3 月 27 日 CNN 报道 Greenland's Most Critical Glacier Is Suddenly Gaining Ice, but That Might Not Be a Good Thing）

在例 4-1 的第一个句子中，"Greenland's largest and most critical glacier, Jakobshavn" 是主语，即一句话谈论的中心；谓语 is gaining 表示主语的情况；ice 是宾语，表示动作的承受者或结果；according to NASA researchers 则是状语，修饰动词、形容词、副词或整个句子。在第二个句子中，This 是定语，修饰名词、代词等；surprising 是表语，和系动词一起构成谓语。

与英文相比，汉语句子相对而言自由一些。

[例 4-2]

俄罗斯 2011 年取消时制转换，采用夏令时，莫斯科时间比格林尼治时间早 4 个小时。

（摘自 2019 年 3 月 28 日新华社报道《欧洲或将取消冬、夏令时转换制　拟 2021 年 4 月起执行》）

在例4-2的第一个句子中，主语是"俄罗斯"，是句子陈述的对象；"取消"和"采用"是两个并列的谓语，它们各自的宾语是"时制转换"和"夏令时"；"2011年"充当状语成分，修饰谓语。在第二个句子中，"莫斯科"和"格林尼治"都是定语，修饰名词"时间"；而"4个小时"充当补语成分，通常位于谓语动词后起补充说明的作用。

明确英汉两门语言的句子成分，有助于在翻译时在句型层面上分析句子，从而正确理解句子的意思。因此，一方面有必要先了解英语句子的基本句型，包括简单句、并列句、复合句，以及一些常见的英语结构，如现在分词、过去分词、不定式、介词短语等，这样才能准确拆分英语句子结构，明确语义表述，进行准确的翻译。另一方面也要熟练掌握汉语句子的基本句型以及一些常见的汉语结构，如连动句、流水句、存现句等，这对分析句子结构及掌握句子的意思至关重要。由于两门语言在句子成分上的相似性，在翻译实践中，往往先找出句子的主干，如主语、谓语、宾语，然后再明确其他的句子成分如定语、状语等跟句子主干的关系，这样有助于理解句子的意思，减少错译、漏译出现。

第一节 英语基本句型分析和翻译

英语的动词有三种类型，即不及物动词、及物动词、连系动词，常见的动词句型有 SV、SVC、SVO、SVoO、SVOC 等（S：主语、V：谓语动词、C：补语、O：宾语）；而汉语常见的句型虽然与英语有着某些特征差异，但也类似（梅明玉，2017：21-22）。在理解这些动词句型的基础上，我们还有必要从英语句子的基本句型着手，熟悉英语句子中一些常见结构的语法功能，从而在翻译时进行准确的句子拆分或重组。下文将分别从三种基本句型——简单句、并列句和复合句——讨论英汉语言的翻译问题。

一、简单句的翻译

简单句只含有一套主谓成分，亦即只有一个主语或并列主语和一个谓语或并列谓语（薄冰、赵德鑫，2002：236）。简单句的翻译原则如下：先辨识出主谓宾定状补等基本成分，再按照目的语的语言表达习惯重组语言。

[例4-3]

原文：We must never forget the crimes and impacts, in Africa and beyond, across the centuries.

（摘自2019年联合国发布的"Message on the International Day of Remembrance of the Victims of Slavery and the Transatlantic Slave Trade")

译文：我们决不能遗忘几个世纪以来在非洲和其他地方发生的罪行和影响。

（摘自2019年联合国发布的《秘书长奴隶制和跨大西洋贩卖奴隶行为受害者国际纪念日致辞》）

例4-3是一个属于SVO结构的简单句。句子只有一个主语we，一个谓语must forget，两个宾语the crimes和impacts，一个地点状语in Africa and beyond和一个时间状语across the centuries。按照汉语的表达习惯，SVO的结构可以保留。但是，两门语言的语序有着各自的特征，汉语的时间和地点状语极少后置，因此原文的语序还需要略微调整。

二、并列句的翻译

并列句指由and、but、or、so等并列连词把两个或两个以上简单句并列连在一起而成的句子（薄冰、赵鑫鑫，2002：253）。并列句的翻译原则是先辨识出并列句包含几个简单句，简单句之间由表示什么关系的并列连词连接，再按照其逻辑关系和目的语的语言表达习惯重组语言。

[例4-4]

原文：Boeing has been in the business of aviation safety for more than 100 years, and we'll continue providing the best products, training and support to our global airline customers and pilots.

译文：波音公司从事航空安全业务已逾百年，我们将继续为全球航空公司客户和飞行员提供最好的产品、培训和保障。

（中英文摘自2019年波音公司在埃航事件后的公开信）

例4-4是由两个简单句以表示顺承关系的并列连词and连接而成的并列句。两个简单句各自按照简单句的翻译原则来进行翻译，之间的关系体现为顺承关系，在汉语中可以用逗号、"以及"、"和"等词语或逗号来表示这一关系。

三、复合句的翻译

复合句指由一个主句和一个或多个从句构成的句子，其中的从句可以是定语从句、状语从句、宾语从句等（薄冰、赵鑫鑫，2002：254）。复合句的翻译原则是先辨识出复合句的主句是什么，句中包括几个从句，主句与从句之间的逻辑关系又是什么，再按照其逻辑关系和目的语的语言表达习惯重组语言。

[例 4-5]

原文：However, in 2012, 2.5 billion people did not use an improved sanitation facility and 1 billion people still resorted to open defecation, which poses a huge risk to communities that are often poor and vulnerable already.

译文：但是，在 2012 年，仍有 25 亿人没有使用改善的卫生设施，其中 10 亿人仍露天便溺，这些都为贫困和弱势的社区带来了巨大的风险。

（中英文摘自《2014 年联合国千年发展目标报告》）

例 4-5 是一个主从复合句，主句 2.5 billion people did not use… and 1 billion people still resorted to…，是由并列连词 and 连接两个简单句形成的并列句；从句则是由 which 引导的定语从句，先行词是主句的整句内容；而这一从句本身又是一个主从复合句，主句 which poses a huge risk to communities 是一个简单句，从句是由 that 引导的定语从句，修饰先行词 communities。

分析完句子类型后，主句和从句分别按照简单句和并列句的翻译方法翻译，其逻辑关系体现为从句充当主句的定语，在汉语中可把从句部分翻译为定语，如 that are often poor and vulnerable already 翻译为"贫困和弱势的"，又或者另起一句"这些都为……带来了巨大的风险"。如果复合句中出现例 4-5 中的情况，主句是一个并列句，又或者从句中套叠了从句或其他结构，翻译的原则还是基本一样，亦即辨识出何种句子类型，再逐一翻译，按照各分句间的逻辑关系和目的语的表达习惯来安置各部分语义。

除了上述这三种基本的英语句型外，还有一些较为特别的句子结构，如 there be 句型、倒装句、语法结构不完整的简略句等，翻译时也是基本遵照以上提及的翻译原则，只是需要根据实际情况进行语言表述上的调整。

[例 4-6]

原文：There are disputes over territorial sovereignty, maritime rights, and interests (in the South China Sea).

（摘自 2019 年 3 月 20 日 *Daily Telegraph* 报道 "Gunboat Diplomacy Does Not Promote Peace"）

译文：中国南海地区存在一些领土主权、海洋权益、利益争议。

例 4-6 是英语中的 there be 存在句，一般的翻译处理是把句子的时间状语或地点状语充当汉语译文中的主语，亦即"……存在/有……"，具体的语言重组需要根据句子意思的表述以及目的语的表达习惯进行调整。

练习强化：

请将下列句子翻译成汉语，并讨论英语基本句型分析对翻译实践的作用。

（1）In 1879, Mr. Ge Kunhua traveled from Shanghai to Cambridge with his wife and six children to become Harvard's first instructor in Mandarin Chinese.

（摘自2019年哈佛大学校长Lawrence S. Bacow在北京大学题为"The Pursuit of Truth and the Mission of the University"的演讲）

（2）Plankton enrich the atmosphere with oxygen and more than 3 billion people depend on marine and coastal biodiversity for sustenance and livelihoods.

（摘自联合国秘书长António Guterres的2019年世界野生动植物日致辞）

（3）We know women's participation makes peace agreements more durable, but even governments that are vocal advocates fail to back their words with action.

（摘自联合国秘书长António Guterres的2019年妇女节致辞）

（4）In the course of over two millennia, the two countries have embraced the principles of mutual respect, mutual learning, mutual trust and mutual understanding in their interactions, principles that underpin their long-lasting, ever-strong friendship.

（摘自2019年习近平在意大利《晚邮报》发表的题为《东西交往传佳话　中意友谊续新篇》的署名文章）

（5）The overwhelming scientific evidence shows that vaccines are among the most effective and safest interventions to both prevent individual illness and protect public health.

（摘自2019年美国医学协会关于反疫苗运动的公开信"AMA Urges Tech Giants to Combat Vaccine Misinformation"）

第二节　常见英语句子结构的翻译

在翻译实践中，译者须了解一些常见的英语句子结构如非谓语动词（不定式、现在分词、过去分词）和介词短语，它们在句子中充当什么成分、起着怎样的语法功能，也有必要辨识清楚。否则，在拆分句子结构和理解句子意思时就会出错，从而影响翻译质量。

一、不定式的翻译

在英语中，不定式出现的频率非常高。不定式指的是英语动词的一种不带词形变化从而不指示人称、数量、时态的一种形式。不定式分为两种，第一种是带to的不定式（to do），另一种是不带to的不定式（do）。不定式在句中可以充当多种成分，如主语、宾语、定语、状语、表语，甚至还可以构成谓语、复合宾语。不定式有不同的形式，从主动、被动角度看，包括主动形式（to do）、被动形式（to be done）；从时态角度看，则包括一般式（to do）、完成式（to have done）、进行式（to be doing）、完成进行式（to have been doing）等（张道真，2002：284－285）。不定式的翻译原则主要是先辨识出不定式属于何种形式，确定不定式在句子中充当的成分，再根据目的语的表达习惯进行翻译。

例 4-7 的两个不定式分别充当了谓语动词的宾语和表目的的状语。

[例 4-7]

原文：China and France intend <u>to continue</u> their joint efforts <u>to build</u> an open global economy.

（摘自《2018 年中法联合声明》）

译文：中法两国愿继续共同努力，建设开放型世界经济。

例 4-7 中有两个不定式，第一个 to continue... 在句中充当谓语动词 intend 的宾语，可以用动宾短语的结构进行翻译；第二个 to build... 则充当状语成分表示目的，翻译中可以根据汉语的表达习惯灵活处理，比如可以翻译成"目的是""为了"等，将不定式的逻辑功能显化，也可以像译文那样以意合的方式来表达这一状语成分的功能。

不定式也能构成复合宾语，如例 4-8。

[例 4-8]

原文：In this spirit, they support the strengthening of the role of the G20 as the premier forum for international economic cooperation and <u>encourage it to play</u> a more active role in international economic and financial governance.

（摘自《2018 年中法联合声明》）

译文：为此，双方支持加强二十国集团作为国际经济合作主论坛的作用，鼓励其在国际经济金融治理中扮演更加积极的角色。

在例 4-8 中，不定式 to play... 和前面的 it 一起，构成复合宾语，因此翻译时可按照复合宾语"鼓励＋宾语1＋宾语2"的结构来处理，如例句译文的"鼓励＋其＋……扮演……"。

不定式也常被用来充当后置定语，如例 4-9。

[例 4-9]

原文：On Iran, they reaffirm their commitment to and their readiness <u>to uphold</u> the Joint Comprehensive Plan of Action concluded in Vienna on 14 July 2015.

（摘自《2018 年中法联合声明》）

译文：关于伊朗，两国重申坚持并维护2015年7月14日在维也纳达成的伊朗核问题全面协议。

to uphold… 在例4-9中充当定语，修饰名词readiness，翻译时可按照"定语+名词"的结构来处理。由于汉语以前置定语为主，译文也将该处不定式引导的后置定语提前到中心名词的前面。

二、现在分词的翻译

现在分词是动词的-ing形式，在句中可以充当表语、定语、状语，构成复合宾语、谓语（主要是构成各种进行时态）、不定式的进行形式等；形式上有主动形式（doing）和被动形式（being done），而从时态的角度看则有一般形式（doing）和完成形式（having done）（张道真，2002：284-285）。现在分词的翻译原则主要是明确其在句子中充当什么成分，再按照目的语的表达习惯进行翻译。例4-10的现在分词是充当表语。

[例4-10]

原文：Our country is vibrant and our economy is thriving like never before.
（摘自2019年"Remarks by President Trump in State of the Union Address"）
译文：我们的国家充满活力，我们的经济空前繁荣。
（摘自2019年特朗普国情咨文）

例4-10中的现在分词thriving在句中充当表语，放在系动词is的后面，可按照"系动词+表语"的结构进行翻译，结合汉语的表达习惯，系动词的表意功能比较弱，在翻译中常不体现，因此在翻译过程中，常见的做法是将该现在分词作为动词来翻译。

现在分词也常用作充当定语，如例4-11。

[例4-11]

原文：We live in a changing world full of new opportunities and challenges.
（摘自2015年"China's Position Paper on the 70th Anniversary of the United Nations"）
译文：我们生活在一个变革的世界，新机遇新挑战层出不穷。
（摘自2015年中国关于联合国成立70周年的立场文件）

在例4-11中，现在分词changing充当定语，修饰名词world，可按照"定语+名词"的结构来处理，将现在分词翻译为形容词，如上面译文"变革的世界"。

现在分词还经常充当伴随状语，表示伴随谓语动词出现的连带动作或结果等。

[例 4-12]

原文：More than 1,000 people may have been killed when a cyclone hit Mozambique, <u>causing</u> floods around the city of Beira.

（摘自 2019 年 3 月 28 日 *The Economist*）

译文：莫桑比克遭遇强热带风暴袭击，导致贝拉市附近发生洪灾，或致 1000 多人丧生。

（摘自 2019 年 3 月 28 日《经济学人》）

现在分词充当伴随状语的现象在英语句子中很常见。由于这类现在分词和谓语动词之间的逻辑关系往往是隐性的，翻译初学者往往会误读，因而导致翻译处理不当。

例 4-12 的 causing 是伴随动词 hit 的动作，两者是一种隐含的因果关系。翻译时可以汉语意合的形式处理。常见的方法是将该现在分词转换为动词，成为主语动词的并列谓语。例 4-12 的译文即把 hit 和 causing 译成并列关系："遭遇……，导致……"。

现在分词的另一种功能是充当复合宾语，如例 4-13。

[例 4-13]

原文：Britain's Prince Philip has been spotted <u>driving</u> without a seat belt just 48 hours after his car crash.

（摘自 2019 年 1 月 20 日 CNN 新闻报道 "Prince Philip spotted driving without a seatbelt 48 hours after car crash"）

译文：英国菲利普亲王在驾车发生车祸后仅 48 小时，就被拍到再次驾车外出且不系安全带。

（徐丽萍 译）

在例 4-13 中，现在分词 driving 在谓语动词 has been spotted 后构成复合宾语。复合宾语的结构可以在翻译时重现，或者根据汉语的表达习惯进行语言表述上的调整。

三、过去分词的翻译

过去分词只有一种形式（done），在大多数情况下都有被动的意思，在句中可以作表语、定语、状语，以及构成谓语（和 have 一起构成完成时态或非谓语动词的完成形式，以及和 be 一起构成被动语态或非谓语动词的被动形式）（张道真，

2002:331)。过去分词的翻译原则主要是先明确过去分词在句中充当什么成分,再根据过去分词跟句子主干之间的逻辑关系进行翻译。

[例4-14]

原文:Months later, in December, Beijing was <u>outraged</u> after Huawei chief financial officer Meng Wanzhou was detained in Canada.

(摘自2019年3月28日CNN新闻报道"No Matter What Trade Deal Is Struck, the US and China Are Worlds Apart. Huawei Is the Proof")

译文:数个月后的12月,华为首席财务官孟晚舟在加拿大被拘押,北京愤怒了。

(徐丽萍 译)

例4-14中的过去分词outraged在句中放在be动词was后,充当表语成分,翻译时按照"系动词+表语"的结构进行翻译即可。结合汉语的表达习惯,系动词常不必体现出来,翻译的时候只需要按照该过去分词的语义译出即可。

除了充当表语,过去分词也常充当定语,如例4-15。

[例4-15]

原文:<u>Enslaved</u> people struggled against a legal system they knew was wrong.

(摘自2019年联合国发布的"Message on the International Day of Remembrance of the Victims of Slavery and the Transatlantic Slave Trade")

译文:遭受奴役的人们与他们知道是错误的一种法律制度进行抗争。

(摘自2019年联合国发布的《秘书长奴隶制和跨大西洋贩卖奴隶行为受害者国际纪念日致辞》)

过去分词enslaved在例4-15中充当定语,修饰名词people,带有被动的意思,可按照"定语+名词"的结构进行翻译,语义上根据汉语中表示被动的多种表达法来调整过去分词的译法,如用"被""为""遭遇"等来表示。

与现在分词相同,过去分词也可以用作状语,但与现在分词表示伴随动作、结果或主动语态不同,过去分词表示被动语态或完成时态,如例4-16。

[例4-16]

原文:The draft resolution, <u>supported</u> by all other Council members, followed an announcement by the President of the United States that his country would recognize Jerusalem as Israel's capital and locate its embassy there.

(摘自2017年联合国发布的"UN Security Council Annual Round Up")

译文：决议草案获其他理事国支持，而美国总统却表示美国视耶路撒冷为以色列首都，并将在当地设美国驻以色列大使馆。

（联合国安理会 2017 年综述）

在例 4-16 中，过去分词 supported... 在句子用作状语，修饰谓语。这类过去分词常位于句首，也可放在后面或插入中间，翻译的方法一般是与句子的主语一起用"主语+谓语"的结构译出，当然也可根据汉语的表达习惯灵活进行语言的重组。

最后，过去分词也可以充当复合宾语。

[例 4-17]

原文：There were a total of 57,103 gun violence incidents in the United States in 2018, leaving 14,717 killed and 28,172 injured.

（摘自中国国务院新闻办公室发布的"Human Rights Record of the United States in 2018"）

译文：2018 年美国共发生涉枪案件 57 103 件，导致 14 717 人死亡、28 172 人受伤。

（2018 年美国的人权纪录）

在例 4-17 中，过去分词 killed 和 injured 用在动词 leaving 的宾语后构成复合宾语，翻译时可以使用复合宾语的结构，或者根据汉语的表达习惯进行语言表述上的调整。在英语中，过去分词用在介词 with 后也可以构成复合宾语的结构，如："The day ended with nothing achieved."（一天结束了，什么事都没做成。）

四、介词短语的翻译

介词短语在英语句子中十分常见，可充当的句子成分包括状语、定语、表语、宾语补语（张道真，2002：432-436）。介词短语的翻译原则主要是，先明确其在句子中充当什么成分，再根据目的语的表达习惯来调整语言。

介词短语常用作时间状语或地点状语，介词短语引出来的后置修饰成分常用作宾语。

[例 4-18]

原文：Over the past 40 years, China has achieved over 30 times of GDP growth, averaging an annual growth rate of 9.5%.

（摘自 2018 年驻南非大使林松添发表的署名文章"China International Import Expo: China Is Ready to Share Its Enormous Market Opportunities with the World"）

译文：40 年来，中国国内生产总值增长了 30 多倍，年均增长 9.5%。

（2018年驻南非大使林松添发表的署名文章《中国国际进口博览会：与世界分享庞大的市场机遇》）

在例4-18中，介词短语 over the past 40 years 置于句首，充当句子的时间状语成分。由于汉语习惯将时间状语置于句首，例4-18翻译这一介词短语时位置保持不变。介词短语 of 9.5% 放在名词短语 annual growth rate 后面作定语，但由于汉语在表达习惯上极少出现后置定语，此处的介词短语可按照"定语+名词"的结构译出，也可根据实际情况调整语序。

介词短语还充当表语，如例4-19。

[例4-19]
原文：Although people are experiencing less crime, high-harm incidents, including offences involving knives and firearms, are on the rise.
（摘自2018年4月27日 The Guardian 新闻报道 "Why is violent crime on the rise- and who is most at risk?"）
译文：尽管犯罪事件少了，但是涉及刀具和枪械等的高伤害事件有所增长。

（徐丽萍 译）

在例4-19中，介词短语 on the rise 在 be 动词 are 后做表语，翻译时可按照"系动词+表语"的结构译出。按照汉语的表达习惯，系动词常常并不体现，因此，可把介词短语与主语一起按照主谓结构译出，将介词短语中的名词转为动词形式来处理。

介词短语也可充当复合宾语，如例4-20。

[例4-20]
原文：China will keep its economic growth within a reasonable range next year.
（摘自2018年12月13日新华社报道 "China to Keep 2019 Growth Within Reasonable Range: Politburo"）
译文：中国明年会把经济增长保持在合理区间。

（徐丽萍 译）

在例4-20中，介词短语 within a reasonable range 与谓语动词 keep 的宾语 its economic growth 一起构成复合宾语（即介词短语是宾语的补语），翻译时可按照复合宾语的结构译出，即"动词+宾语+宾语补语"，一般句序不需要太过修改。

练习强化：
请将下列句子翻译成汉语，并讨论理解和分析几种常见英语句子结构对翻译实践所起的作用和意义。

(1) The reductions we have seen in vaccination coverage threaten to erase many years of progress as nearly eliminated and preventable diseases return, resulting in illness, disability and death.

(摘自2019年美国医学协会关于反疫苗运动的公开信"AMA Urges Tech Giants to Combat Vaccine Misinformation")

(2) In order to protect our communities' health, it is important that people be aware not just that these diseases still exist and can still debilitate and kill, but that vaccines are a safe, proven way to protect against them.

(摘自2019年美国医学协会关于反疫苗运动的公开信"AMA Urges Tech Giants to Combat Vaccine Misinformation")

(3) Like slot machines, smartphones and apps are explicitly designed to trigger dopamine's release, with the goal of making our devices difficult to put down.

(摘自2019年4月24日 New York Times 报道"Putting Down Your Phone May Help You Live Longer")

(4) While the calorie target they set was steep, they did give the subjects some flexibility, allowing them to eat the foods that they wanted.

(摘自2019年7月16日 New York Times 报道"Cutting 300 Calories a Day Shows Health Benefits")

(5) Indeed, driven by a spirit of solidarity, respect for national sovereignty and equal partnership, South-South cooperation has offered concrete solutions to shared challenges, with many countries becoming sources of support and inspiration for innovative development approaches.

(摘自联合国秘书长 António Guterres 的2019年南南合作国际日致辞)

第三节　汉语基本句型分析与翻译

　　汉语的句法结构关系需从词说起。在汉语中，词与词按照一定的规则构成短语，如"幼童"；而词与短语又可以按照一定的规则构成更大的短语，如"可爱的幼童"；这些规则反映的便是句法结构关系，包括联合关系、偏正关系、动宾关系、补充关系、主谓关系（刘月华等，2001：5-6）。例如，"大人和小孩""漂亮的鲜花""阅读书本""翻译得很到位""学习很辛苦"便依次体现了这五种关系。了解这五种关系，对正确分析理解汉语句子非常关键，因为在汉语中，词语、词组、短语、句子的构成都是采用这五种关系方式。在翻译实践中，熟悉汉语的句法结构关系，有助于正确拆分汉语句子。

根据句子的结构，汉语句子可以分为两大类，即主谓句和非主谓句。主谓句由主语和谓语两部分构成，如"我喜欢翻译"；而在一定语言环境中，主语或谓语可以省略，如"A：谁喜欢翻译？B：我（省略谓语）"。非主谓句指不是由主语和谓语两部分构成的句子，分为两种：一是无主句，如"下雨了！"；二是独语句，如"好难！"（刘月华等，2001：17-18）。主谓语和非主谓句这两大类的句子都是单句，只包含一个主谓短语或谓语。汉语还有更高一层的句子结构，那便是复句。复句由两个或两个以上在意义上有关联的单句组成，如"要是明天天气好，我就去春游了"。（刘月华等，2001：19）。与英语的句子类型稍加比较便不难发现，英汉句型有很多相似之处，如：英语有简单句和复合句，汉语有单句和复句；英语以主谓为基本的句法结构，汉语也有主谓句；等等。但是二者也存在某些差异，如汉语某些类型的无主句在英语中不存在，翻译时需要根据实际情况进行句子类型的调整。

一、主谓句的翻译

具体而言，汉语主谓句又可分为四种：动词谓语句、形容词谓语句、主谓谓语句和名词谓语句（刘月华等，2001：657）。汉语主谓句翻译成英语，首先要明确主语和谓语部分，然后在目的语中确定是否能保留原文的主谓结构，是使用原来的主语还是选择句子的其他成分作主语，增添主语；谓语部分，是用谓语动词作谓语，还是借助系动词 be 作谓语等。

[例 4-21]
原文：近期主要国际机构连续下调世界经济增长预期。
译文：Major international institutions have successively revised downward their global growth forecasts.

（摘自 2019 年李克强博鳌亚洲论坛年会开幕式演讲）

例 4-21 原文是一个动词谓语句，是汉语中最常见的句子结构，由名词短语"主要国际机构"作主语，动词"下调"作谓语，谓语后还带了宾语"世界经济增长预期"。翻译时，可按照原来的主谓句句型，保留原主语和动词作谓语来翻译。这类句型的翻译一般可以不用做太多调整和变动。

值得注意的是，主谓句的保留，有时候也需要考虑不同语言的行文规范。

[例 4-22]
原文：当前国际形势正在发生深刻复杂变化。

（摘自 2019 年李克强博鳌亚洲论坛年会开幕式演讲）

译文 1：The international landscape is undergoing profound and complex changes.

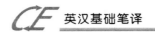

译文 2: We meet at a time of profound and complex changes in the international landscape.

(Li Keqiang's Keynote Speech at the Opening of the Boao Forum for Asia Annual Conference 2019)

例4-22也是一个动词谓语句，谓语后带一个宾语，主干是"形势+发生+变化"，可以在翻译时保留原语的主谓结构，如译文1。然而，本案例来自博鳌亚洲论坛的开幕词，属于演讲词的类别。而英语的演讲词多用主语we作主语，为了表达更地道，原文也可以根据实际情况，像译文2一样，灵活选择句子的其他成分作主语或增添主语we，然后将原主谓结构在译文中处理为一个介词短语at a time of…。

[例4-23]
原文：雄安新区画卷徐徐铺展，天津港蓬勃兴盛，北京城市副中心生机勃发……
译文：Construction of Xiong'an New Area is progressing, Tianjin Port is booming, Beijing's sub-center is thriving...

（中英文摘自习近平主席2020年新年贺词）

本例的原文中包含两个主谓谓语句，第一个是"雄安新区画卷徐徐铺展"，其中的谓语是主谓短语"画卷徐徐铺展"；第二个则是"北京城市副中心生机勃发"，充当谓语的是主谓短语"生机勃发"。翻译的时候一般需要根据实际情况，确定用原句子主语还是主谓短语中的主语来充当译文的主语。如译文所示，可使用原句子的主语来充当英译文的主语，主谓短语中的谓语用来修饰原句子的主语。

[例4-24]
原文：据报道，猪肉的售价一般每斤8到10元。
译文：Pork costs an average 8 to 10 *yuan* for 500g, according to the report.

（摘自2019年3月21日中国日报网双语新闻《你实现香椿自由了吗》）

例4-24是一个名词谓语句，即句中的谓语部分由名词、名词短语、代词、数词、数词短语等充当，主语和谓语之间没有"是"字。值得注意的是，英语没有名词谓语句，因此翻译时，译者需要根据实际情况补充其他谓语动词，如be动词或其他实义动词等。

二、非主谓句的翻译

汉语中的非主谓句并不像主谓句那样由主语和谓语构成。非主谓句可以分为无主句和独语句（或独词句）两种。

无主句没有主语；而独语句则由一个词或作用相当于一个词的短语构成，这个词或短语无法判断其为句子的主语还是谓语（刘月华等，2001：855）。第一，无主句的翻译原则是先判断这是根本没有主语的无主句，还是省略了主语或隐含主语的主谓句。如"昨天去打球了。"，并不是无主句，而是省略了主语"我"的主谓句；而"到点了！"则是一个无主句。二者最主要的区别在于，无主句永远以没有主语的形式出现，补不出一个确定的主语，或根本补不出主语，又或是补上主语后不符合汉语表达习惯。

典型的无主句是表示天气等自然现象的一些说法。在翻译的时候，由于英文是形合语言，需要添加主语。如"下雨啦！"这样一个典型无主句，则需要添加代词 it 作主语，处理为"It is raining!"。另外，还有用于标示语的无主句，如"请勿吸烟！"，属于补上主语后不符合汉语表达习惯的类型。标示语的翻译比较特殊，不能按照字面来翻译，而需要使用英文中同样场景的对应标示语来翻译，如译为"No smoking!"。

其他典型的无主句还包括祝词。与标示语相似，祝词的翻译也以英文中同类祝词句型对应即可，如例 4 - 25。

[例 4 - 25]
原文：愿我们的友谊地久天长！
译文：May our friendship last forever!

如果无主句是格言、谚语，那么首先看英语中是否存在对应意义的谚语可以借用，使用动态对等的翻译方法，如例 4 - 26；如果没有，则以译出意义和内涵为翻译要点。

[例 4 - 26]
原文：活到老，学到老。
译文：It's never too old to learn.

另一种非谓语句即独语句。如果独语句是发现或提醒某种新出现的情况，又或是表示敬语、称呼、应对、语气感叹的，那么可以用英语中表示类似功能的句式来翻译；如果独语句是感叹事物的话，那么可以用英语中的感叹句对应。例 4 - 27 是个非主谓句，是感叹事物的独语句，用英语中的感叹句型翻译即可。

[例 4 - 27]
原文：好漂亮的花！
译文：What a beautiful flower!

三、复合句的翻译

汉语复合句最需要掌握和注意的是句中各个分句之间的关系，如并列关系、承接关系、递进关系、因果关系、转折关系、条件关系、假设关系、让步关系、目的关系等。翻译汉语复合句的主要原则是，先确定句中各个分句之间的关系，视具体的情况再考虑用英语中的短语结构、单句或更常见的复合句进行翻译，准确再现这些分句之间的关系。

[例 4–28]

原文：尽管所有的自闭症患者都有某种障碍，但他们的状况又各有不同。

译文：While all autistic people share certain difficulties, they can experience the condition in different ways.

（摘自 2019 年 4 月 2 日中国日报网双语新闻《世界自闭症关注日》）

例 4–28 是一个以"尽管""但"这些关联词语来表示让步关系的复句，翻译的时候先识别出这一关系，可以使用英语中表示让步关系的复合句句型来进行翻译。

汉语还存在多重复合句现象，即分句中还包含其他分句，那么便有必要先统观全局，找出第一层次的分句，再一层一层地抽丝剥茧，确定分句中所包含的下一层分句之间的界限与关系。多重复句的翻译原则跟单一复句的相似。

[例 4–29]

原文：亚欧大陆，一头连着中国，一头牵着欧洲，虽然相隔万里，却挡不住中欧合作的脚步。

译文：China and Europe sit on the two ends of the Eurasian continent, yet geographic distance has not hindered China-Europe cooperation.

（摘自 2019 年 4 月 8 日李克强在德国《商报》发表题为《开放合作　互利共赢》的署名文章）

例 4–29 是一个汉语的多重复合句。第一层的两个分句"亚欧大陆……虽然相隔万里"与"却挡不住中欧合作的脚步"构成转折关系，而第一个分句中第二层分句"一头连着中国"与"一头牵着欧洲"则是并列关系。译文使用了英语中表示转折关系的并列连词 yet 来处理原句第一层分句的转折关系，而第二层分句中的并列关系则灵活处理为 sit on the two ends of the Eurasian continent。从这个例子可以看到，汉语的复合句或多重复合句的翻译，并不一定要用英语中的复合句或多重复合句的类似句型来对应，只要能准确再现汉语中分句与分句之间的关系，那么短语结构、单句、复合句都是可以的。

练习强化：

请将下列句子翻译成英语，并讨论理解和分析汉语句子结构对翻译实践所起的作用和意义。

（1）天已近傍晚，四野的阴影逐渐加深，可是那一棵金黄色的树却好像反而更发出一种神秘的光芒。（摘自席慕蓉的《孤独的树》）

（2）中国产业体系完备，拥有近14亿人口的大市场，正在推动经济转型升级，人民群众的消费与需求更加多元。

（摘自2019年4月9日李克强在克罗地亚主流媒体发表的署名文章《多彩的国度　广阔的前景》）

（3）电子商务巨头阿里巴巴的一名匿名资深程序员说，公司管理人员很少说996工作制是强制性的，但如果不遵从这一规则，绩效分数会很低，甚至被裁员。

（摘自2019年4月10日中国日报网双语新闻《工作996　生病ICU　互联网公司加班成行规惹争议》）

（4）加大基本养老、基本医疗等保障力度，自助各类学校家庭困难学生近1亿人次。（摘自《2019年政府工作报告》）

（5）被列入黑名单的不文明游客或被禁止游览该市公园，公园将使用人脸识别软件和其他监控技术监督游客，限制有不良行为记录的游客前来游览。

（摘自2019年4月9日中国日报网双语新闻《北京将建不文明游客黑名单　上榜游客或被禁入公园》）

第四节　常见的汉语特殊句型

在汉英翻译中，译者常常碰见一些特殊的汉语句型，在英语中难以找到现成的句型来对应。了解这些句型的特点，在翻译中注意分析句子中各组成部分的逻辑关系，有助于得到忠实于原意并且表述地道的英语译文。

一、连动句的翻译

汉语中存在一种常见的句型，叫连动句，其谓语由两个或两个以上动词构成，在动词短语中间没有停顿，也没有关联词，这些动词短语共用一个主语（刘月华等，2001：701）。汉语中的连动句在英语中并没有相似的句型结构，因此翻译时需要做出句式的调整。在翻译中要注意分析连动句中动词或动词短语间的逻辑关系，再考虑使用英语中的什么并列连词来连接这些动词，又或是使用介词短语、非谓语动词或复合句的结构来处理其中的动词成分。通常来说,构成连动关系的动词或动词短语之间有表示目的、先后、方式手段等逻辑关系。翻译时需要先明确这些逻辑关系,然后在英语中用谓语动词、分词结构、介词短语、主从复合句或其他结构把这些汉语连动句中的动词或动词短语的关系表达出来。

[例4-30]

原文: 2012年12月8日,习近平主席来到深圳蛇口港视察海口舰并随舰航行4个小时。

译文: On Dec. 8, 2012, President Xi Jinping boarded a navy destroyer, the Haikou, in the southern Chinese city of Shenzhen, for a four-hour inspection voyage.

(摘自2019年4月23日中国日报网双语新闻《向着深蓝出发——献给人民海军成立70周年》)

例4-30是一个汉语连动句,其中动词"来"和"视察"之间没有停顿或关联词,构成了连动式,前后动词之间隐含着目的关系。译文将"来"略去不译,把"视察"隐含的"登舰"动作显化出来充当谓语动词,"视察""随舰航行"被处理为一个表目的的介词短语。

值得注意的是,由于连动句的动词之间逻辑关系是隐性的,需要依赖译者的分析和解读,不可避免存在多义性。因此翻译此类汉语句型,需要充分了解语境,根据语境来确定句子内在逻辑,以保证翻译质量。

二、存现句的翻译

汉语的存现句十分常见,表示某个处所存在着或消失了某一事物(刘月华等,2001:719)。无独有偶,英语中也存在着一种相似的句型结构,即there be句型。因此,汉语存现句常常可以考虑用there be句型来进行翻译,有时也可以用英语中的倒装句来进行翻译,又或是根据实际情况灵活采用其他英语结构。

[例4-31]

原文: 刚转过一个急弯,在我们眼前,出现了一座不算太深的山谷,在对面的斜坡上,种了一大片的树木。

(摘自席慕蓉的《孤独的树》)

译文1: Right after a hairpin curve, right before us, there were a valley and an expanse of trees on the opposite slope.

(徐丽萍 译)

译文2: Right after a hairpin curve, right before us, a valley appeared, and on the opposite slope was an expanse of trees.

(Hsi Muren's *The Lonely Tree*)

第四章 英汉语言结构比较

这一例子中有两个汉语存现句："在我们眼前，出现了……"和"在对面的斜坡上，种了……"，结构相似，都是表示某处所存在什么事物。译文1中使用英语的 there be 句型翻译；而译文2翻译第一个存现句时采用了"表示地点的介词短语+主谓结构"，翻译第二个存现句时采用了"表示地点的介词短语+主谓倒装结构"，都是常见的翻译汉语存现句的方法。需要指出的是，英语中的 there be 句型虽然表示存在，但在使用过程却容易造成冗繁，影响行文的有效性，因此通常在 there be 句型引出来的句子中，有一些词可以转为谓语动词。如在例4-31中，相比之下，译文2更顺畅一些。

三、流水句的翻译

汉语中还有一种特殊的句型——流水句，指的是一个小句接一个小句，很多地方可断可连（吕叔湘，1979：23）。流水句的主要特点是，一个句子中存在多个句段，句段与句段间的结构松散，一般没有显性的关联词语连接，且常常含有多个主语，句段与句段之间的逻辑关系也多样。正规的英语中不存在流水句句型，因此翻译汉语流水句时，句子结构调整较多。其翻译的原则主要是，要有统观全局的意识，识别出流水句中句段与句段之间的逻辑关系和语义关系，再按照实际情况在句型分析的基础上对句子进行拆分、重组和翻译，并且务必要考虑英语译文的可读性。

[例4-32]
原文：只见上清宫许多道众，鸣钟击鼓，香花灯烛，幢幡宝盖，一派仙乐，都下山来迎接丹诏，直至上清宫前下马。

（摘自施耐庵的《水浒传》）

译文：A procession of Taoists, beating drums and bells, playing saintly music, bearing incense and candles, banners and canopies, came down to receive the imperial envoy.

（沙博理 译）

这一例子中的流水句包含七个句段，句段之间并没有显性的关联词语连接，且含有不同的主语。译文的处理方法是，先确定流水句中的核心句段，亦即主谓结构 Taoists... came down...，再明确其他句段与核心句段的关系，以现在分词结构 beating... playing... bearing... 将其他句段处理为伴随状语，最后用表示目的的不定式结构 to receive... 处理其他的句段。

与连动句相似，流水句的理解是翻译的一大难点。译者需要注意的是，汉语中有些流水句看似平行，但彼此之间却有不同的逻辑关系，在翻译过程中需要译者谨慎处理。

57

练习强化：

请将下列句子翻译成英语，并讨论理解和分析几种汉语特殊句型对翻译实践所起的作用和意义。

（1）邓小平同志非常善于运用辩证唯物主义解决实际问题。

（摘自 2019 年 1 月 1 日《求是》文章《辩证唯物主义是中国共产党人的世界观和方法论》）

（2）他们浑然不知经济全球化已经何等深刻地塑造了世界，毫不理会国际分工的现实意义和深远影响，只是一再使蛮劲试图把制造业立即全部搬回美国。

（摘自 2019 年 5 月 20 日《人民日报》文章《国际关系岂能退回到野蛮时代》）

（3）有几次雨后，屋顶的茅草中，掉下了几只类似蜈蚣的多足虫，刚好落在我书上；土墙角落的洞里也曾经钻出过两尺来长的蛇，在我们的房中摇摇摆摆地散步。

（摘自王孝廉的《小茅屋》）

（4）冷战结束和新技术兴起为新一轮经济全球化创造了条件，跨国公司追求利益最大化、在全球进行资源配置，发达国家获益巨大，发展中国家和新兴经济体群体性崛起，各国利益深度融合，世界已经成为了"地球村"。

（摘自 2019 年王岐山在第八届世界和平论坛开幕式上的致辞）

（5）党的十八大以来，在习近平新时代中国特色社会主义思想指引下，亿万妇女更加坚定不移地走中国特色社会主义妇女发展道路，平等依法行使民主权利、平等参与经济社会发展、平等享有改革发展成果，主人翁地位更加彰显，半边天力量充分释放，获得感、幸福感、安全感与日俱增。

（摘自 2019 年《平等　发展　共享：新中国 70 年妇女事业的发展与进步》白皮书）

本章参考文献和推荐阅读：

［1］薄冰，赵德鑫. 英语语法手册（第 5 版）［M］. 北京：商务印书馆，2002.
［2］连淑能. 英汉对比研究（增订本）［M］. 北京：高等教育出版社，2010.
［3］刘月华，等. 实用现代汉语语法［M］. 北京：商务印书馆，2001.
［4］吕叔湘. 汉语语法分析问题［M］. 北京：商务印书馆，1979.
［5］梅明玉. 英汉语言对比分析与翻译［M］. 杭州：浙江大学出版社，2017.
［6］武恩义. 英汉语言结构对比研究［M］. 西安：西安交通大学出版社，2016.
［7］张道真. 实用英语语法［M］. 北京：外语教学与研究出版社，2002.

第五章　翻译标准和规范

翻译的标准与规范，既包括语言层面，也包括非语言层面。关于语言内容方面的翻译标准，古今中外的学者提出了各种不同的说法。值得注意的是，有关翻译标准，学界和业界有不同的立场和声音。学界一般从理论性较强的方面讨论，而业界则主要围绕实践展开。本书主要以实践指导为目标，因此，翻译标准的理论暂不纳入讨论的范围。

翻译实践的评价标准基本离不开对原文内容的忠实和译文表达的通顺两大原则。除了内容和表达，译者也要关注其他写作方面的规范，如语言的统一、标点符号的正确使用等。此外，随着翻译的产业化，翻译任务常以项目形式开展，因此，译者还要有良好的项目管理能力与沟通意识。可以说，要成为一名合格的译者，必须具备良好的语言和非语言等多方面能力。围绕这一思路，本章第一节主要讨论翻译标准、翻译与写作的关系以及译者的沟通意识等三个方面。其他部分主要讨论翻译的写作规范，具体包括第二节语言一致性，第三节标点符号的选择，第四节注释的添加方法。

第一节　翻译的标准和规范概述

一、翻译的标准

翻译的标准是翻译实践时译者应遵循的基本原则，也是常用于分析和评价译文时的依据。中国翻译家提出的标准中，严复提出的"信、达、雅"三字标准表达精炼，文字朗朗上口，对中国早期的翻译评估影响深远。与此相似，国外学者提出的翻译标准中，常被引用的是18世纪末的英国学者Alexander Fraser Tytler的"翻译三原则"，即：

译文须完整地再现原文的思想内容；译文的风格、笔调须与原文相同；译文须像原文一样流畅自然。

(The translation should give a complete transcript of the ideas of the original work;

The style and manner of writing should be of the same character with that of the original; The translation should have all the ease of the original composition.)

除了这些三分法的标准,其他提法还包括林语堂提出的"忠实、通顺、美",傅雷的"重神似不重形似",钱钟书的"化境",等等。尽管各种标准说法繁多,但也不难发现一些共性标准,包括:
(1) 忠实地传达原文的意义和感情色彩;
(2) 再现原文的语言风格和文体风格;
(3) 译文通顺、流畅,可读性强,有一定的美感。

在翻译实践中上述的标准可以笼统地总结为,以忠实原文和表达通顺为核心,在此基础上尽可能追求语言的美感。然而,针对不同的文本类型和翻译目的,每个翻译任务也各有其个性标准。如法律文本追求高度的内容忠实与表述严谨,法律文本的文体变化较少,译者的关注点更多放在对意思的准确传递上。反之,翻译文学文本对译者的创作性要求会更高。例如,在讨论连贯和语篇翻译模式在文学翻译中的应用时,王东风(2009)提出"以常规对常规,以变异对变异"的原则,反映出文体因素在文学翻译中尤为值得注意。例如:

[例5-1]
原文:This MOU will become effective when signed by both parties. The agreement will remain in effect for five (5) years from the signature date, below, and may be renewed or amended by mutual agreement of the parties. The parties agree to periodically review the activities undertaken and the progress made and to consult concerning amendments, renewal or termination of this MOU. Either party may terminate this MOU at any time by providing written notice of such termination to the other party.

译文:本谅解备忘录自双方签署起生效。合约自双方签订日期起五(5)年内有效,在双方同意下可进行延期或修改。双方同意定期审查开展的活动及其进展,商定本谅解备忘录的修改、延期或终止。双方均可随时终止本谅解备忘录,但须向另一方发出书面形式的终止通知。

(赵嘉玉 译)

[例5-2]
原文:风急天高猿啸哀,渚清沙白鸟飞回。
　　　　无边落木萧萧下,不尽长江滚滚来。

(摘自杜甫的《登高》)

译文:The wind so swift, the sky so wide, apes wail and cry;
　　　　Water so clear, and beach so white, birds wheel and fly.
　　　　The boundless forest sheds its leaves shower by shower;

The endless river rolls its waves hour after hour.

(许渊冲 译)

例 5-1 属于法律文本，译文主要追求意义准确和表达严谨，没有太多华丽的辞藻，但是不忽略任何一个细节。如原文中的数字同时以英语单词和阿拉伯数字出现，译文便要同时体现汉字和阿拉伯数字，缺一不可。而例 5-2 是一首诗歌，兼具内容美和形式美。因此，翻译时除了追求准确通顺，还应兼具表达的节奏感、音韵美和格式的对称。

因此，在考虑忠实、通顺和译文美感的同时，译者还需要同时考虑到不同文本类型和不同翻译需求的个体差异。此外，不同的翻译需求也影响译文，如全文的翻译要求内容完整保留，而编译则可以适当增删，根据翻译需求选择和保留原文的内容等。

因此，在翻译实践中，译者除了上述提到的 3 点共性翻译标准之外，还需要增加以下第（4）条：

（4）根据不同的文本类型、翻译目的和翻译需求，适当地处理译文，切忌使用同一标准来衡量不同类型的翻译。

二、翻译与写作

翻译与写作之间关系密切。李长栓指出，"翻译就是写作，只是参照物不同"（2004：13）。就产出而言，翻译和写作的最终产物都是文本，只是输入有所不同。写作时写下的是作者自己头脑中希望表达的想法，而翻译写下的是原文作者所表达的意思。可以说，翻译是一种特殊的写作。能做好翻译的人，基本上写作能力都不会差。

上文提及的各种翻译标准，都要求译文通顺流畅，符合目的语的表达习惯。具体而言，英译汉的译文要"像中文"，汉译英的译文要"像英文"。如果连目的语的句子都写不好，译文的质量也不可能高。很多翻译初学者能看明白翻译教材上的理论和例句，在实际翻译时也能较好地理解原文意义，但到了表达环节，就遭遇"瓶颈"，无法写出流畅地道的句子，很多情况下是因为他们受到了源语思维的影响，又没有扎实把握目的语的表达习惯，译文因此出现词不达意，甚至不符合行文规范的表达。这些翻译的问题其实都是写作能力与表达能力不足的表现。因此，译者应该在提高双语理解能力的同时，注意提高自己的写作能力。

翻译是一种写作，应遵循写作的标准和原则。一些书写的细节，包括标点符号、冠词、量词与单复数名词的正确使用，语法的规范准确，字体字号的统一等，都能体现译者的专业程度，影响译文的质量。如果译文涉及印刷，则还需要区分衬线体和无衬线体。衬线体（serif）的概念来源于西文字体，是指字的笔画开始和结束的地方有额外的装饰（即"衬线"），且笔画粗细有所不同的字体。与之相应的无衬线体（sans-serif）则是指没有衬线、笔画粗细一致的字体（赵雯，2013：157）。按照这个原则区分，中文的宋体和西文的 Times New Roman 等都属于常见的衬线体。衬线体的结构增加了字符中不同笔画的联系，增加了相邻字符的延续性和流动感（Ibid.：157）。从整体上看，用衬线字体进行排版的文字识别性更强，能避免字里行间的阅读错位。所以，印刷字体常用衬线体。衬线体与无衬线体示例见表 5-1。

表 5-1　衬线体与无衬线体示例

语言	衬线体	无衬线体（笔画粗细一致）
中文	宋体、楷体	黑体、幼圆体
英文	Times New Roman	Calibri

此外，针对不同的文本，写作的格式要求也有所不同。比如，信函的格式与研究论文的格式就有所不同。再往下细分，普通书信和正式商务信函的格式要求也有所不同；英语的研究论文根据学科的不同还分别需要用到 MLA（the Modern Language Association，偏重人文学科）、APA（the American Psychological Association，偏重自然学科）等格式。正因为不同目的的翻译对格式的要求都不相同，翻译初学者还应该提高自己的写作规范意识，不但要把内容翻译得忠实准确，还要让译文的产出符合译入语的规范。如果对格式不太确定，译者应查阅相应的格式要求，并积极与需求方沟通。

三、翻译与沟通

翻译实质上也是一种沟通，只不过是两种文化、两种语言之间的沟通。根据马祖毅在《中国翻译简史》（2004）中的介绍，在我国的翻译历史中，早期翻译的目的主要有管理国家、外交需要、吸收外来先进文化和宗教传播等。不管哪一种目的，无不体现翻译在跨文化交际中的重要性。

也许有人会认为，沟通能力是口译工作者应该具备的技能，对笔译者来说并不重要。然而，进入现代翻译行业，翻译工作通常以项目的形式组织开展，是一种有偿的经营行为，译者是翻译服务方，为需求方（或国家标准《翻译服务规范》中定义的"客户"）提供语言转换服务。以前的译者多受国家任命或自发翻译，而当今的译者会面对各种各样的需求方，可能是原著作者，也可能是出版社或翻译公司。不同的需求方在内容、交稿时间、版面格式等方面的要求各有不同。因此，如何与需求方确定翻译服务的具体内容、商议双方合作细节，在翻译过程中遇到困难如何解决等等，这些都需要译者具备良好的沟通能力，方能保证翻译服务的顺利完成。

另一方面，现代翻译项目常常会出现多名译者组成团队合作翻译的情况。团队内部的良好沟通也至关重要。团队需要在沟通中做好人员管理、任务分配、时间协调、语言统一、质量监控等多项工作，确保多人项目的高质量输出。

崔启亮、罗慧芳（2016：49）在《翻译项目管理》中把语言服务描绘成一个完整的生态链，其中涉及的人员包括：

1. 需求方
- 最终使用部门；
- 发包部门；
- 支持团队；
- 采购部门；
- 供应商管理；
- 质量保证团队；
- 财务。

2. 服务提供方
- 业务拓展；
- 资源团队；
- 项目管理；
- 翻译服务；
- 支持团队。

至于单个笔译项目的具体流程，则如下图 5 - 1 所示（崔启亮、罗慧芳，2016：103）。

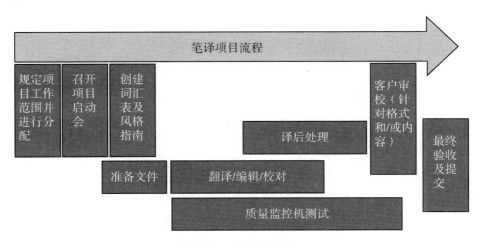

图 5 - 1　笔译项目流程

可见，在较为系统和完善的翻译服务项目中，服务的提供方是一个完整的团队，既包括生产角色（如译者、编辑和审阅者），也包括项目管理角色（如项目经理）和商务角色（如客户经理），甚至还有技术角色（如本地化工程师）（崔启亮、罗慧芳，2016：51-54）。整个团队共同服务于需求方，服务过程有着严格的流程安排。因此，项目的顺利完成，既离不开团队内部各个角色之间的配合，也离不开团队与需求方之间的良好沟通。

在笔译学习的初期，学习者必然要以提高语言能力和翻译能力为重心，练好基本功。在此基础之上，如果希望进入翻译行业并拥有良好的职业发展，译者应该尽早培养项目管理能力和沟通意识，提高自身综合素质，以适应未来的各种任务与挑战。

第二节 语言一致性

《牛津英语词典》对一致性（consistency）的释义是"对某事物的应用保持一致，特别是为了逻辑、准确性或合理性而保持的一致"（conformity in the application of something, typically that which is necessary for the sake of logic, accuracy, or fairness）。翻译中的语言一致性指的是在翻译时，语言表达的各方面要保持前后和谐统一，避免某些部分与其他部分偏离，影响读者理解。

翻译中的语言一致性既包括原文与译文之间在意思、逻辑和风格上保持对应，也包括译文内部的语言一致性。如果这种一致性遭到破坏，译文便会产生不和谐之感，影响整体质量。

[例 5-3]

原文：The President and his wife have a busy schedule of engagements this week as they make their way across Europe.

（摘自英国报纸 *Daily Mail* 2018 年 4 月 25 日的文章 "First Ladies of Fashion！"）

译文 1：总统和他的老婆本周在欧洲的行程安排得很紧。

（学生译文）

译文 2：总统及其夫人本周的访欧行程十分紧凑。

（赵嘉玉 译）

[例 5-4]

原文：我父母不喜欢我房间的颜色，于是趁我出城的时候把它刷成了别的颜色。

译文 1：My parents didn't like the colour of my room, so they had it painted a different color while I was out of town.

（学生译文）

译文 2：My parents didn't like the color of my room, so they had it painted a different color while I was out of town.

（赵嘉玉 译）

第五章　翻译标准和规范

例5-3的译文1把媒体报道的书面语言译成了口语体，用"他的老婆"翻译his wife，偏离了原文的语言风格。例5-4的译文1则对同一句话中的同一个词分别使用了英式英语的拼法（colour）和美式英语的拼法（color），是缺乏专业性的表现。上述两例的译文在意思上都与原文对应，但由于没有达到语言的一致性，不能算是合格的译文。如果译者具有保持语言一致性的意识，只要稍作修改，就可以得到更合适的译文，如上述两例的译文2。

在本章第一节"翻译的标准"部分，我们已经讨论了原文和译文之间的一致性。本节将重点关注译文内部的语言一致性。译文内部语言的一致性包括三方面：词句的一致性、语言变体与格式的一致性，以及语体的一致性。

一、词句的一致性

词句的一致性包括用词的一致性和语法的一致性。两者都是行文中最为基础的要求。虽然词句不统一对译文的理解可能不会造成太大的影响，但一旦译文出现该类问题，就会令客户和读者产生不良印象。词句一致性可以说是最为基础也是最为重要的一致性问题。

1. 用词一致性

翻译中的用词一致性，是指对于同一个文本中的同一个概念（如专有名词、术语或称谓等），前后文的翻译要保持一致性，避免读者混淆，以为是不同的概念，如例5-5。

[例5-5]

原文：[…] two doctors stand out amongst the rest for their contributions to the medical practice in China, Drs. Mary West Niles and Mary H. Fulton. Dr. Niles was the first female physician to reside in Canton,[…]

（摘自 Shane Harris 的 *Medicine and Health in Canton*）

译文1：赖马西和富马利两位医生对中国的医疗实践贡献尤为突出。奈尔斯医生是首位来广州居住的女性内科医生。

（学生译文）

译文2：赖马西和富马利两位医生对中国的医疗实践贡献尤为突出。赖马西医生是首位来广州居住的女性内科医生。

（赵嘉玉 译）

根据上下文，Mary West Niles 和 Dr. Niles 应为同一个人，译文1却在翻译时用了两种处理方法，前一个沿用了历史上约定俗成的译名"赖马西"，后一个则根据读音翻译为"奈尔斯"。两个译名截然不同，读者很容易误以为这段文字提到了三个医生，这就是用词不一致给读者带来的困惑。尽管现在外国人名多用音译，但就

65

本例而言，该医生在广州行医时一直使用"赖马西"这个中文名，译文中应予以沿用（见译文2），以特指这位历史人物。让译文与文本之外的实际情况保持一致，也是一种一致性。

对于术语较多的专业性文本，尤其要注意专业术语的前后一致，并且要使用该专业领域的正确名称。另外，对于原文反复出现的句式和内容完全一致或相似度高的句子，译文中最好也做到前后一致。对于多名译者参与的翻译项目，应在译前准备和译后检查过程中做好术语和词句统一的工作。

2. 语法的一致性

在汉译英的译文中，应满足英语在语法范畴的一致性（concord）要求，确保句中的词语之间在人称、数、格、性等方面保持一致（薄冰，1998：485）。例5-6和例5-7都出现了语法不一致的问题。

[例5-6]

The message between the lines <u>are</u> that we need to finish our task before Friday.

[例5-7]

Dancing wonderfully on the stage, <u>the audience</u> gave the performers applause and ovations.

例5-6单复数不统一，例5-7出现了修饰关系不对应的垂悬结构，应修改如下：

[例5-6]

修改：The message between the lines <u>is</u> that we need to finish our task before Friday.

[例5-7]

修改：Dancing wonderfully on the stage, <u>the performers</u> won applause and ovations from the audience.

可见，语法一致性问题直接影响着译文是否明晰、可懂以及存在歧义。语法是语言学习的基础和使用的依据，掌握语法知识应该是译者的基本功之一，在翻译中应予以足够的重视。语法问题也较为容易解决，译者可以在完成译文之后，通过网络或购买的语法检查工具进行审查，避免语法错误的出现。

二、语言变体与格式的一致性

英式英语和美式英语是英语的两大变体，在语音、词汇、拼写等方面都存在差异（Algeo，2006：1-2）。汉译英时，应注意译文不能混用英式英语和美式英语的书写方式。基于前人对这两种语言变体的研究，下面举例介绍两者在拼写、词汇、格式和标点符号之间的主要区别。

1. 美式英语与英式英语的差异表现

（1）拼写方面的差异：

英式英语和美式英语在拼写规则方面的常见差异，基于郭伯愈（1979）、Algeo（2006）等学者的总结，可以归纳为以下七点。

第一，英式英语中以-re 结尾的词，在美式英语里通常以-er 结尾。如英式英语的 centre 和 fibre，美式英语拼写为 center 和 fiber。

第二，美式英语里通常将字母组合-our 中的 u 省去。如英式英语的 favourite 和 neighbour，美式英语拼写为 favorite 和 neighbor。

第三，英式英语单词中不发音的词尾-me 在美式英语中被省去。如英式英语的 kilogramme 和 programme，美式英语拼写为 kilogram 和 program。

第四，英式英语中以-ise 和-yse 结尾的词，在美式英语里通常用 z 代替 s。如英式英语的 realise，recognise 和 analyse，美式英语拼写为 realize，recognize 和 analyze。

第五，构词时，英式英语中很多单词要双写最后的辅音字母 l，而美式英语则不需要。如英式英语的 travelling 和 fuelled，美式英语拼写为 traveling 和 fueled。

第六，有些词在英式英语以-ence 结尾，在美式英语则以-ense 结尾。如英式英语的 defence 和 offence，美式英语拼写为 defense 和 offense。

第七，英式英语拼写中存在的 ae 或 oe，在美式英语中仅保留发音元音 e。如英式英语的 leukaemia 和 manoeuvre，美式英语拼写为 leukemia 和 maneuver。

（2）词汇方面的差异：

在英式英语和美式英语里，表达同一事物所用的词汇有时是不一样的，如表 5-2 所示。

表 5-2　英式英语和美式英语的词汇差异

例	英式英语	美式英语
一楼	ground floor	first floor
薯条	chips	fries
长裤	trousers	pants
升降电梯	lift	elevator
卡车	lorry	truck

有些单词在英式英语里的意义和美式英语里的意义也不一样，如表 5-3 所示。

表 5-3 英式英语和美式英语的词汇意义差异

例	英式意义	美式意义
football	足球	橄榄球
rubber	橡胶	避孕套
comforter	奶嘴	被子
bin	垃圾箱	储物箱
subway	地下通道	地铁

（3）格式和标点符号上的区别：

在标点符号使用上，英式英语和美式英语也存在很大的差异。

如时间表达上，英式英语的时与分之间使用句点，如 11.45；而美式英语的时与分之间使用冒号，如 11：45。

日期表达也不同，英式英语按照日、月、年的顺序，如 15(th) August, 2015，或 15/8/2015；美式英语则按照月、日、年的顺序，如 August 15(th), 2015，或 8/15/2015。

称呼缩略词方面，英式英语的先生、太太、女士等称呼后面没有句点，如 Mr Smith，Mrs Wang 和 Ms Li；美式英语则称呼后有句点，如 Mr. Smith，Mrs. Wang 和 Ms. Li。

最后，两种英语的引号使用也有区别。英式英语对直接引用的部分用单引号标示；当引号里面还要用引号时，外面一层用单引号，里面一层用双引号（外单内双）。美式英语对直接引用的部分用双引号标示；当引号里面还要用引号时，外面一层用双引号，里面一层用单引号（外双内单）。如下例子：

英式英语：It's not about being childish but 'childlike'.
　　　　　Karry told me, 'Roy said, "This will never work."'
美式英语：It's not about being childish but "childlike."
　　　　　Karry told me, "Roy said, 'This will never work.'"

2. 美式英语与英式英语的差异原因

美式英语和英式英语在多个方面都存在差异，这些差异存在的原因多种多样。比如，如果一个单词的来源是外来语（如法语），英式英语常保留该来源语的拼写方式（如-re），而美式英语则会根据单词的实际发音来拼写（如-er）。此外，语言本身具有变化的趋势、英式英语与美式英语所处的环境不同，以及历史上的美国不断争取语文独立于英国等原因，都使得美式英语和英式英语有着诸多差异（郭伯愈，1979：15-19）。

因此，在汉译英时，译者应该避免两种英语变体混用的情况。如果需求方有明确要求，应按照要求使用美式英语或英式英语。如果没有特殊要求，译者可以根据实际情况自行选择使用英式英语或者美式英语，但只要选定了，就应该通篇保持统一。

三、语体的一致性

英语和汉语都有口语体和书面体，无论是口语还是书面语，也都有正式与非正式之分。不同语体的词汇特征不同，适用的表达场合与表达方式也不同。

[例 5–8]

正式口语体：Good morning, Mr. President. We appreciate your visit.（正式场合的寒暄）

非正式口语体：Hey, man. What's going on?（朋友之间打招呼）

[例 5–9]

正式书面体：This MOU will not affect any other existing agreements and should be considered a complementary instrument to foster the cooperation.（法律条文）

非正式书面体：Thanks for inviting me to the concert last night. I had bags of fun.（朋友之间的信息）

翻译中的语体一致性首要强调的是原文与译文之间的语体一致。至于译文内部的语言，语体的统一需要根据不同文本类型而定，同一个文本内可以存在不同的语体。例如，一部文学作品中的情景描述可能使用比较正式的书面体，人物对话则使用口语体，甚至为了凸显不同人物的性格特征，作者还会有区别地区分不同角色的语体。反之，一些非文学类文本或文段的语体相对固定，此时译文内部的语体也应该相对保持一致，不能随便改变。

[例 5–10]

原文：[...] Let your eyes gently close, partially or fully. Taking a few slow, easy breaths, releasing any unnecessary tension in your body. If you like, placing a hand over your heart or another soothing place as a reminder that we're bringing awareness to our breathing and to ourselves. You can leave your hand there or let it rest anytime.

（摘自 Chris Germer 和 Kristin Neff 的 *Mindful Self-Compassion Teacher Guide*）

译文 1：<u>让君之双目闭合，或全或半</u>。缓慢、自然地呼吸几次，将任何不必要的紧张排出体外。<u>若君欢喜，可置双手于胸口之上，或其他令君放松之处</u>，来提醒自己，我们正在给呼吸和自我注入意识。你可以把手一直放在让自己舒适的位置，或者随时让手放松。

译文 2：轻轻地闭上眼睛，完全闭上或半闭着都可以。做几次缓慢、自然的呼吸，将所有不必要的紧张都从身体里排出。如果你喜欢，可以把手放在胸口，或是其他让你感到放松的地方，来提醒自己，我们正在给呼吸和自我注入意识。你可以把手一直放在让自己舒适的位置，或者随时让手放松。

例 5-10 的原文是冥想练习的引导词，属于中性偏非正式的口语体。译文 1 在口语体中夹杂了部分文言形式的语句（见画线部分），读出来一半是自然引导的语气，一半又文绉绉的，显得不伦不类。相比之下，译文 2 内部语体统一，且与原文语体相符，无疑是更好的译文版本。

上文讨论了翻译中的语言一致性，这既是每一位译者必须具备的翻译素养，也是翻译团队专业性的体现。随着翻译的行业化，许多翻译任务常涉及多名译者参与。如果没有做好一致性的管理，不同译者的用词习惯和语言风格千差万别，会严重影响翻译项目的整体质量。因此，无论是个人还是团队，都应该注重语言一致性，做好审校工作，确保译文与原文有同样的意思、逻辑和语体，且译文内部整体和谐一致。

练习强化：

指出下列句段语言不统一之处并进行修改，然后翻译这些句段。

(1) Turning the corner, the spectacular TV tower appeared.

(2) In order to push her boss to sign on the contract of the new programme, Jane blocked his way into the elevator.

(3) Although failure sucks, it's our mistakes that often teach us the most. Some of the most respected guys and organizations are the ones that take chances, get things wrong and bounce back to try again.

(4) 人们对损失的厌恶程度是取得同等收获的愉快程度的 2 倍到 2.5 倍，这个概念被称为"损失规避（loss aversion）"，最早由行为经济学家丹尼尔·卡内曼和阿莫斯·特沃斯基于 1979 年提出。在商业环境中，"损失规避"现象总是会出人意料地出现。

第三节　标点符号的选择

根据国标文件《标点符号用法》（2011）中的定义，标点符号指的是辅助文字记录语言的符号，用来表示语句的停顿、语气以及标示某些成分（主要是词语）的特定性质和作用。《韦氏标点符号用法风格指导》（*Merriam-Webster's Guide to*

Punctuation and Style)(1995)等指南也对标点符号的功能进行了概述。总结下来,标点符号的作用主要包括以下几点:

(1)分隔句子结构,正确划分意义单位;

(2)使文本意义清晰;

(3)作为文字的补充,表示停顿和语气,引导读者理解。

可见,标点符号不仅影响译者对原文的理解,也影响译文的表达效果及读者对译文的理解。因此,一名合格的译者必须学会正确使用标点符号。但是,标点符号的错误使用却经常发生。

[例5-11]

* I shall never forget that person——the one who rescued me from the burning building.

[例5-12]

* Welcome to the green and dynamic Chinese city of Zhuhai, a city embraced by mountain ranges, rivers and islands, it is also a livable, business and tourism friendly destination.

例5-11在英语句子里使用了汉语的破折号,例5-12本应是两个句子,但却"一逗到底",错误地写成了一个句子。

翻译是在原文的基础上使用译入语的一种特殊的写作活动,遵循写作的原则和规律,译文标点符号自然也需要满足译入语的标点符号使用要求,避免标点符号的混用、错用。对母语为中文的学习者来说,因不熟悉英语标点符号的用法而导致使用不当的情形更加突出。因此,本节将讨论中英文标点符号的差异以及常见英语标点符号的用法。

一、英汉标点符号的差异

英语和汉语有不少对应的标点符号,其用法和作用大致相同,如句号、问号和感叹号等,但书写形式和占位情况却各有不同。最明显如汉语句号是一个圆圈,英语句号则是实心圆点;汉语省略号为居中的两组三个连点,英语的省略号只有位于下方的一组三个连点;汉语破折号比英语破折号更长,占两个汉字长度;在电脑编辑状态下,英文标点符号是半角,中文标点符号则为全角,等等(吴邦驹,1999:262)。因此,译者输出译文时应正确使用译入语的标点符号,使用电脑时要记得切换中英文输入法,避免混用。

除了对应的标点符号,两种语言也有一些不对应的符号。汉语中常见的有顿号(、)、书名号(《》)、间隔号(·)、着重号(在文字下方表示强调的实心圆点)等(周小群、李奉栖,2007:5)。如在汉译英过程中原文出现这类标点符号,译者应根据原标点的功能转换成英语中具有相应或类似功能的标点或格式。

[例5-13]

原文：我们应该在工作、产品和服务上不断追求创新和进步。

译文：We should constantly be seeking out innovations and improvements in all our work practices, products and services.

[例5-14]

原文：我最喜欢的动画电影是迪士尼的《小美人鱼》和《风中奇缘》。

译文：My favorite animated feature movies are *The Little Mermaid* and *Pocahontas* produced by Disney.

在例5-13中，原文使用顿号表示列举，译文则使用了英语里表示列举的逗号。例5-14的原文以书名号表示作品名，在英语中则要转换成斜体表示。

二、常见英语标点符号的用法

有些标点符号的用法比较单一，不易混淆或错用，如感叹号、问号、引号等。本节挑选了一些在翻译中比较常用，但也较常出错的英语标点符号，简单地介绍一下它们的用法。

1. 句号及句子结束的形式

句号的首要用法是表示完整陈述句的结束。除此以外，句号也会用来表示缩写，如例5-15中Mrs.和i.e.两处。

[例5-15]

Mrs. Li wants to buy a bag that is synthetic, i.e., not leather or suede.

那么，如果一个陈述句以带句号的缩写结尾，那这个句子的最后应该是写两个句号还是一个句号呢？对于多标点结尾的句子，有如下用法规定：

（1）如果陈述句以带句号的缩写结尾，无论该句子是否带有引号，句末都只保留一个句号，如例5-16、例5-17。

[例5-16]

错误：In business, our assumptions are the things that we implicitly believe about our customers, products, processes, markets, etc. .

正确：In business, our assumptions are the things that we implicitly believe about our customers, products, processes, markets, etc.

[例 5 –17]
错误：Laura said, "Tomorrow's class starts at 8：00 a. m. ".
正确：Laura said, "Tomorrow's class starts at 8：00 a. m."

（2）如果感叹句或疑问句以带句号的缩写结尾，则句末需要写上感叹号或问号，如例 5 –18 和例 5 –19：

[例 5 –18]
错误：I hate the man called Jackson Miles Jr.
正确：I hate the man called Jackson Miles Jr.!
[例 5 –19]
错误：Yesterday he asked, "Shall we meet at 2：00 p. m."
正确：Yesterday he asked, "Shall we meet at 2：00 p. m.?"

例 5 –18 的写法，容易让读者把感叹句和问句变成陈述句。
（3）如果陈述句结尾的词带有感叹号或句号，则句末不需要写上句号，如例 5 –20 中的书名为 *Mamma Mia*！。

[例 5 –20]
错误：I've never seen *Mamma Mia*!.
正确：I've never seen *Mamma Mia*!

2. 逗号和分号

无论是汉语还是英语，逗号、分号和句号都表示句子的停顿，只是停顿的单位不太一样。简单来说，逗号表示句子中间有停顿但句子还没结束，句号是一个完整的陈述句结束的标志。分号介于逗号和句号之间，主要用于分隔语法上独立但意义上存在一定关联的两句分句。这时，分号相当于两句之间的连接词。

[例 5 –21]
If you enter the wrong passcode too many times, your device will be disabled.
[例 5 –22]
One can resist the invasion of armies; one cannot resist the invasion of ideas.

在英语里，多个列举项的分隔也会用到逗号或分号。通常来说，各列举项使用逗号隔开，但如果列举项比较复杂，逗号无法清楚地隔开，则会使用分号隔开。

[例 5-23]

Acidic fruits include oranges, pineapples, lemons, limes, grapefruits and cranberries.

[例 5-24]

The votes for each contestant were: Contestant 1, 39; Contestant 2, 62; Contestant 3, 54.

3. "横线类"标点

按照从长到短的顺序，英语里的横线类标点包括长破折号（em dash）、短破折号（en dash）和连字符（hyphen）。

（1）长破折号：长破折号可以在句中代替逗号、括号或冒号，起到与这三个标点相同的作用，但表达效果更强，如例 5-25，例 5-26 和例 5-27。

[例 5-25]

But used at the wrong time—namely, when you need to think expansively and generate soaring ideas—they can hold you back quite drastically.

[例 5-26]

Make sure you carve out a few blank spaces in your calendar—for those must-attend important meetings—with yourself.

[例 5-27]

These tools serve a very important purpose—to help you think clearly and creatively.

例 5-25 的长破折号代替逗号使用，例 5-26 代替括号，例 5-27 代替冒号。长破折号在视觉上带来的停顿效果更明显，因此两个长破折号之间或一个长破折号之后的内容可以得到强调。

此外，两个长破折号连用可以表示在句中缺失或因特殊原因故意省略的词（完整或部分），如例 5-28 和例 5-29。

[例 5-28]

"Drinking is a bit of an ad——", said Jennifer.

Jack said, "Do you mean addition?"（表示词语缺失的一部分）

[例 5-29]

The juvenile defendant, ——, committed suicide last night.（表示省去的完整的词）

（2）短破折号：短破折号的长度介于长破折号和连字符之间，通常用于表示两

个数字或词语之间的范围和关系,如:

a. 表示数字或时间范围。

[例5-30]

For more research findings, see chapters 6 – 9.

[例5-31]

Join us on Friday morning, 9:00 – 10:30, to meet new friends in the campus!

在表示数字或时间范围时,短破折号实际上发挥了 to 或者 through 的作用,意思是"到并包括"。不过应注意,如果使用 from…to… 或 between…and… 来表示时间范围,两个介词必须同时使用,不能用短破折号去替代其中的 to 和 and,这就是符号使用的一致性问题。

[例5-32]

错误:She worked for her first company from 1996 – 1999.

正确:She worked for her first company from 2006 to 2009.

[例5-33]

错误:Two hundred spills occurred on the city's pipelines between 1999 – 2010.

正确:Two hundred spills occurred on the city's pipelines between 1999 and 2010.

b. 表示比分。

[例5-34]

Class E beat Class C 101 – 96 in the college basketball final.

[例5-35]

The board of directors voted 10 – 3 to purchase new facilities.

c. 表示方向或某种关系。

[例5-36]

The Guangzhou – Copenhagen – Berlin flight I took last month was really long.

[例5-37]

Thirty years ago, there were no east – west railways in this country.

[例5-38]

The liberal – conservative debate can be seen on TV every day.(对立关系)

（3）连字符或连词符：在英语里，连字符的主要作用是构成复合词，遵循一定的构词规律（Paxson，1986：105）。在汉译英时，出于修辞或表达原因，译者有时需要在译文中创造一些复合词，用连字符连接起来。

[例 5 - 39]
原文：院子里的树上缀满了鹅蛋大小的果子。
译文：The trees in the yards were heavy with goose-egg-sized fruits.

例 5 - 39 译文中的"goose-egg-sized"就是译者根据"名词 + sized"的形式创造的一个新的复合词。尽管英语中也存在诸如 ice cream 这种中间只用空格隔开的开放式复合词（open compound），但是，为了避免在句中造成理解困难，翻译时原创的复合词内通常都要用连字符连接，以向读者清楚地表明这是一个复合词而不是多个分散的单词。

另外，在印刷排版的时候，若某个单词处于一行的末尾位置且该行的空间不足以完整容纳该词，需要把该词的其中一部分移动到下一行开头。这时，为避免词语断开，移行的时候也通过连字符来连接这个单词，如例 5 - 40 第一行末尾的单词"personal"：

[例 5 - 40]
The secret to effective, non-idea-blocking brainstorming is to capture the per-sonal contributions of individuals while also making the most of the camaraderie and synergy of a group brainstorm.

（摘自 Chris Grifths 的 *The Creative Thinking Handbook*）

值得注意的是，移行连字符的使用，需要根据单词的音节来划分，如例 5 - 40 的 personal 一词，需要分为"per-sonal"。

本节对部分标点符号的用法以及常见错误进行了概括性介绍。需要注意的是，即便都是英语，英式英语和美式英语之间的某些标点符号用法也有所不同。如果想了解所有标点符号的详细用法，可以参考相关专业文献。本节旨在提高译者的翻译规范性意识和对正确使用标点符号的重视。翻译时如有不确定的情况，不能想当然地套用原文标点，而是应该小心查证，避免混用、错用。

练习强化：
修改下列句子的标点符号错误。
（1）He is working at Apple Inc. .
（2）Snacks and drinks won't go unappreciated at a brainstorming session, all that brain activity burns a lot of fuel.

(3) In order to understand your customers' feelings, you should put yourself in their shoes-their mindset or environment-and imagine how they would think about the product.

(4) 为了保证本次会议的顺利开展，我们特意为您制作了会议须知，将会议议程安排、工作生活指引等资料都收入其中，希望能为您的工作带来方便，会议期间，如果您在工作或生活上有任何需要，请拨打会议须知上的工作人员电话，祝您工作顺利，生活愉快！

第四节　注释的添加

添加注释是翻译中的一种补偿手段（柯平，1991：23）。语言是社会文化的组成部分，每种语言都有其特殊性，所承载的文化内涵也各有不同（方梦之，1993：50），因此，原文中的有些表达只能在读者熟悉源语文化或了解某些背景知识的情况下才能充分理解，光凭"直译"概念意义，难以使译文读者达到与原文读者相当的接受程度。为了补偿这种意义上的空缺，译者需要通过加注的方式对必要的文化知识和背景信息进行补充。

[例 5-41]
原文：Set up your room with a round meeting table (think King Arthur) or seat people in open circles rather than in stiff rows.

（原文摘自 Chris Grifths 的 *The Creative Thinking Handbook*）

译文 1：把场地布置成圆桌会议的样子（想想亚瑟王），或者让大家围坐成开放式的圆圈，而不是死板地坐成排。

译文 2：把场地布置成圆桌会议的样子（想想亚瑟王*），或者让大家围坐成开放式的圆圈，而不是死板地坐成排。

注释：*亚瑟王是英格兰传说中的国王，著名的圆桌骑士团首领。

（赵嘉玉 译）

例 5-41 的原文提到的"King Arthur（亚瑟王）"是源语文化中比较著名的传说人物。传说亚瑟王是一群优秀骑士的首领，因为骑士们会围坐在亚瑟王从他岳父处得到的一张圆桌聚会，故称"圆桌骑士（Knights of the Round Table）"。正因为有这一文化含义，作者在描述圆桌会议时提到了亚瑟王这一形象。但是，大多数译文读者可能并不知道这一形象与圆桌之间有什么联系，如果如译文 1 那样直译，译文读者就会感到困惑。为了便于读者理解，译者应如译文 2 那样对"亚瑟王"加注。

译文的注释一般是"文内明示"与"文外作注"相结合（王东风，1997：

58），以避免读者可能产生的理解困难。例 5-41 的译文 2 为"文外作注"，这个例子也可以改为"文内明示"，如译文 3。

译文 3：把场地布置成圆桌会议的样子（想想圆桌会议先驱<u>亚瑟王</u>的做法），或者让大家围坐成开放式的圆圈，而不是死板地坐成排。

（赵嘉玉 译）

译文 3 在亚瑟王的前后添加一些背景知识，对译文读者起到提示的作用。译文 3 的读者可能不会像译文 2 的读者一样借助注释了解亚瑟王的故事，但从上下文可以猜到亚瑟王和圆桌会议有关联。翻译的过程中，译者可以根据该加注地方在全文的重要性，来选择采用"文内明示"还是"文外作注"。

除王东风提到的"文内明示"和"文外作注"外，还有不少学者对这些变通和补偿手段做过探究，如柯平（1991）的"加注和增译"、方梦之（1993）的"阐释与注释"等等。总的来说，可以归纳为两大方式：一是在译文外部添加注释；二是不借助注释，在译文内部通过意译法进行解释。下文将主要讨论文外加注的方式和原则，文内加注将在第七章翻译技巧的"增译"部分讨论。

一、加注的方式

根据不同情境，加注的方式主要分为音译加注、直译加注和特殊情况加注三种。

1. 音译加注

在人名、地名和一些地方特色物品名的翻译中，音译加注较常使用。

[例 5-42]

原文：Originating from Spain, Sangria is a popular choice for parties.

译文：来自西班牙的桑格利亚汽酒*是派对上备受欢迎的选择。

注释：*以红酒和水果为基础制作的酒精饮料，被誉为西班牙国饮。

（赵嘉玉 译）

[例 5-43]

原文：A unique way to explore your problem and shed your mental constraints is to temporarily pretend you're someone else, especially those who are unrelated to the problem—Kim Kardashian, Homer Simpson, your sister, or a farmer.

（摘自 Chris Griffiths 的 *The Creative Thinking Handbook*）

译文：探索问题、摆脱思维约束的一个独特方法，就是暂时把自己假装成别人，特别是与问题毫不相关的人——比如金·卡戴珊*、霍默·辛普森**、你的姐妹，或者一个农民。

注释： *美国娱乐界名媛，服装设计师，演员，企业家。
**动画片《辛普森一家》的角色。

（赵嘉玉 译）

2. 直译加注

大多数情况下，直译加注是为了介绍必要的文化背景知识，让译文的读者能更好地体会原文意义。

[例 5-44]

原文： The actor and comedian John Cleese used to arrange an "oasis" of quiet, uninterrupted time and space for generative thinking when he was writing for Monty Python, usually around 90 minutes.

（摘自 Chris Griffiths 的 *The Creative Thinking Handbook*）

译文： 影视喜剧演员约翰·克里斯在为巨蟒组*进行创作时，会安排 90 分钟左右的思考"绿洲"（安静而不受干扰的时间和空间）。

注释： *英国六人喜剧团体，其"无厘头"搞笑风格在 20 世纪七八十年代影响甚大。

（赵嘉玉 译）

还有一些时候，原文具有多重意义（通常指字面意义和含蓄意义），但在翻译时难以找到单一的方法在译文中同时表达这些意义，这时译者可以先直译字面意义，再通过加注的方式来补充其他意义（柯平，1991：23）。

[例 5-45]

原文： When looking at the past "failed" projects, you can ask yourself: what are the silver linings?

（摘自 Chris Griffiths 的 *The Creative Thinking Handbook*）

译文： 回顾过去所谓的"失败"项目时，你可以问问自己：这片"乌云"的银边*是什么？

注释： *原文为 silver linings，在英语里原指乌云周边被阳光照亮的银色边缘线，常用以比喻黑暗中的一线光明，不幸或不快中的一线希望。

（赵嘉玉 译）

某些双关语的翻译也可以使用这种直译加注的方法，如例 5-46。

[例 5-46]

原文： Don't believe a man in bed because he is always lying.

79

译文：不要相信在床上的人，因为这种人总是撒谎*。
注释：*原文为"lying"，既有"撒谎"之意也有"躺着"之意，一语双关。

（赵嘉玉 译）

3. 特殊情况加注

如果原文内容出现了与客观事实不相符的地方，基于对读者负责的态度，译者应以注释的方式指出来。

[例 5 –47]
原文：Force field analysis was originally developed by Kurt Lewin in 1951 as a change management model.

（摘自 Chris Griffiths 的 *The Creative Thinking Handbook*）

译文：力场分析法作为一种变革管理模型，最先由库尔特·勒温于 1951 年*提出。
注释：*库尔特·勒温于 1947 年已经逝世，此处可能是作者的笔误。

（赵嘉玉 译）

[例 5 –48]
原文：A psychological study at the University of Western Ontario found that upbeat work environments can spur creativity.

（摘自 Chris Griffiths 的 *The Creative Thinking Handbook*，有改动）

译文：西安大略大学*的一项心理学研究发现，乐观向上的工作环境可以激发创意。
注释：*该校现已更名为韦仕敦大学（Western University），作者使用了其原用名（University of Western Ontario）。

（赵嘉玉 译）

例 5 –47 的原文出现了事实性错误，译者在注释中进行了纠正。例 5 –48 的原文信息不是错误，但在译文出版之时该大学已经改名，如果不加以解释可能会让读者误以为这是两所不同的大学，故加注。

二、加注的原则

关于在译文中加注，有三个方面需要注意：第一，什么时候要加注？第二，注释应包括什么内容？第三，注释应放在译文中的什么位置？对这三个问题的回答，即为加注三原则。

1. 注释的添加要有必要性

无论是以哪种形式加注，注释都是在文本上添加的额外信息。注释经常打断读者的阅读，影响阅读的流畅性。因此，加注的第一个原则，应该是尽量不打断读者的正常阅读。除非必要，不宜轻易加注。

在翻译过程中，判断某处的加注是否必要，译者可以先问自己两个问题：如果不加注，是否让目标读者感到费解？是否难以充分传达原文想表达的意思？如果这两个问题的答案是肯定的，则可以考虑在该处加注。

值得注意的是，加注也跟文本类型相关。例如，学术类的文本，如论文或典籍著作等，因为追求概念阐释的详尽或理解的客观性，在翻译过程中，除了原文已有的注释之外，译者也通常会添加一些在跨文化交际中缺省的文化信息或理论知识。这类信息内容通常较多，也常以脚注或尾注的形式体现。而对一些非学术类的文本，注释则不宜太长，而且更倾向于使用文内阐释，以便减少对读者阅读过程的干扰。

此外，目标读者的类型也往往决定了某些词语是否需要加注。比如，在目标读者多为体育爱好者的体育新闻网上出现了"某某球员荣获本赛季MVP"之类的句子，目标读者对MVP为"最具价值球员（most valuable player）"的意思缩写已经比较了解，不加注也不会影响理解，此时就无需加注。但是，如果目标读者是对体育不熟悉的人群，则需要考虑加注，解释该英语缩写的意思。

2. 注释内容要简洁客观

确定了某处需要加注之后，第二个要考虑的就是注释内容的长短。翻译中的注释始终要以传达原文意图和提高译文阅读体验为宗旨，帮助读者理解，而不是为了彰显自身学问（如学术写作那样）。因此，注释的内容不宜过长，译者只需阐明必要的文化背景或客观事实，点到为止即可，不要添加自己的主观意见，更不要为了加注而加注。

[例 5-49]

原文：The students are sitting at the back of the classroom, just waiting for lecture to be over so they can light up a Turkish Gold and walk to lunch.

（摘自 Nicholas Handler 的 *The Posteverything Generation*，有改动）

译文：学生们坐在教室后排，只等着下课，好点上一根土耳其金*，走去吃午饭。

注释 a：*骆驼土耳其金（Camel Turkish Gold），骆驼牌卷烟中的一个品种。这是一系列新的骆驼卷烟品牌，提供"独一无二的长期受土耳其青睐的国内混合型卷烟品牌新产品，将放在午夜蓝的盒式包装内，卷烟纸上的淡灰线条特别引人注目，过滤嘴的顶部印有金褐色十字架图案"。"土耳其系列风格"包括土耳其王室、土耳其黄金和土耳其翡翠。

注释 b：*即骆驼土耳其金（Camel Turkish Gold），骆驼牌卷烟的一个品种。

（赵嘉玉 译）

不难看出，对汉语读者来说，例 5-49 中理解困难的词语应为"土耳其金"，译者需要在此处加注。对比两个注释的内容，注释 b 比注释 a 更加恰当。因为该专有名词原文中只占了两个单词的位置，在文中的作用也只是用借代的手法使场景的描写更加生动具体，不是篇章讨论的焦点或主题，没有太多特殊的含义。注释 a 用了 100 多个字把该香烟及其所属品牌详细介绍了个遍，这些介绍对于原文的理解并非必要，显然是一种过度加注。对读者而言，只需要知道这是一种香烟，就可以充分理解这句话。因此，注释的内容应该客观简洁，以免为读者的阅读增加额外的负担。

3. 注释的位置要恰当

一般来说，注释的位置有文内阐释、脚注和尾注三种。译者应该根据注释内容的长度和相关性，在恰当的位置添加注释。

文内阐释通常以增加插入语或括号的形式存在，常用于内容不长（通常为短语）且与原文紧密相关的注释，其优点是能与译文融为一体，读者不必跳出文本正文查看注释，阅读流畅性佳，如下例 5-50。

[例 5-50]

原文：自 1941 年中国第一部动画片《铁扇公主》问世后，中国的动画家们一直从中国的神话故事中汲取灵感。近年来，中国的动画电影产业推出了几部根据中国经典故事改编的热门电影，哪吒是最新一部动画电影的主角。

译文：Chinese animators have been drawing inspiration from Chinese mythology ever since the country's first animated film, *Princess Iron Fan* in 1941. In recent years, China's animated-film industry has released several hit films based on classic Chinese tales, and Nezha, a mythological figure in *The Investiture of the Gods*, is the subject of the latest feature.

[摘自中国日报网 2019 年 7 月 30 日双语文章《"哪吒"重返银幕 引国内外影迷赞叹》("Nezha Gets a Gen Z Spin in Return to the Big Screen")，有改动]

对哪吒这一角色，例 5-50 用插入语的方式做了文内阐释。但是，如果需要注释的内容较长（如一个句子），且注释只与被加注的词语相关，与原文语篇的关联性并不强，则通常用到脚注或尾注等文后注释。脚注位于词语所在页面的下方，多用于注解该页需要解释的相关内容，是出版物的文外注释中最常用的形式；尾注位于全文末尾，更多地用于列出引文的出处。

总的来说，注释是译者为译文读者服务而进行的一种信息补充，是充分传达原文信息的一种变通和补偿手段。译者应综合考虑读者类型、篇幅限制、信息相关性等多个因素，在翻译中恰到好处地加注。

练习强化：

请翻译下列句子和语段，讨论哪些地方可以或需要加注，应该如何加注。

（1）St Martin's Croissant is the most famous food in Poznan.

（2）When the handsome man turns to me and says "Ciao Bella" I totally melt.

（3）开会的时候，组长一直鼓励大家提出自己的新想法："三个臭皮匠，赛过诸葛亮。"

（4）There are lots of methods out there for goal setting and you should use whatever clicks with you. The SMART technique works well for creating neatly defined goals for meeting any kind of challenge; based on this technique, you're encouraged to set yourself SMART goals to describe what a successful innovation outcome would look like. These are targets that are specific (S), measurable (M), attainable (A), relevant (R) and timely (T).

本章参考文献及推荐阅读：

［1］ALGEO, J. British or American English？: A Handbook of Word and Grammar Patterns［M］. London: Cambridge University Press, 2006.

［2］国家质量监督检验检疫总局. 翻译服务规范：GB/T 19363. 1—2003［S］. 北京：中国标准出版社，2003.

［3］国家质量监督检验检疫总局. 标点符号用法：GB/T 15834—2011［S］. 北京：中国标准出版社，2001.

［4］MERRIAM-WEBSTER. Merriam-Webster's Guide to Punctuation and Style［M］. Springfield: Merriam-Webster, 1995.

［5］PAXSON, W. The Mentor Guide to Punctuation［M］. New York: New American Library, 1986.

［6］UNIVERSITY OF CHICAGO PRESS. The Chicago Manual of Style［M］. Chicago: University of Chicago Press, 2017.

［7］薄冰. 薄冰英语语法［M］. 北京：开明出版社，1998.

［8］崔启亮，罗慧芳. 翻译项目管理［M］. 北京：外文出版社，2016.

［9］方梦之. 翻译中的阐释与注释［J］. 山东外语教学，1993（1）：50–52.

［10］郭伯愈. 美语与英语的差异［M］. 北京：商务印书馆，1979.

［11］柯平. 加注和增益——谈变通和补偿手段［J］. 中国翻译，1991（1）：23–26.

［12］李长栓. 非文学翻译理论与实践［M］. 北京：中国对外翻译出版公司，2004.

［13］马祖毅. 中国翻译简史［M］. 北京：中国对外翻译出版公司，2004.

［14］琼·平卡姆. 中式英语之鉴［M］. 北京：外语教学与研究出版社，2000.

［15］孙致礼. 新编英汉翻译教程［M］. 上海：上海外语教育出版社，2003.

［16］许渊冲. 汉英对照唐诗三百首［M］. 北京：高等教育出版社，2000.

[17] 王东风. 连贯与翻译 [M]. 上海：上海外语教育出版社，2009.
[18] 王东风. 文化缺省与翻译中的连贯重构 [J]. 外国语，1997（6）：56-61.
[19] 吴邦驹. 最新标点符号用法 [M]. 北京：华艺出版社，1999.
[20] 叶子南. 高级英汉翻译理论与实践（第二版）[M]. 北京：清华大学出版社，2008.
[21] 赵雯. 宋体字与西文衬线体比较分析 [J]. 华南师范大学学报（社会科学版），2013（6）：157-160.
[22] 张培基. 英汉翻译教程（修订本）[M]. 上海：上海外语教育出版社，2009.
[23] 周小群，李奉栖. 英汉标点符号对比分析 [J]. 编辑之友，2007（5）.

第六章 翻译辅助工具

古人说:"工欲善其事,必先利其器。"译者在进行翻译活动时,离不开翻译辅助工具。配备好翻译辅助工具,以及掌握查阅、使用这些翻译辅助工具的技能,有助于译者更有效率地、更准确地翻译。在翻译过程中,需要查证的信息不但包括陌生、不确定和存在疑问的词汇或背景知识,有时候,译者还需要结合语境查证确定原已熟悉的词汇和背景信息。熟练地运用各种翻译辅助工具查证信息是一名专业译者必须掌握的基本技能。

常见的翻译辅助工具可分为翻译资源和翻译技术两大类。翻译资源指词典、术语库、语料库、百科全书、搜索引擎等;翻译技术则指机器翻译技术、计算机辅助翻译技术等。本章第一节将介绍各类翻译资源,第二节将介绍目前常用的各类翻译技术。

第一节 翻译资源

翻译资源主要指词典、术语库、语料库、百科全书、搜索引擎和其他工具书等。这些资源有各自的适用范围和优缺点,很难说孰优孰劣。如电子类的翻译资源特别受译者的青睐,具有检索方便、内容无限、更新及时、便于摘录等特点(李长栓,2009:65)。但是,也有部分译者习惯于检索大部头的纸版词典,尤其是查阅单词词义或翻译搭配时,认为纸质词典使用过程不受限于网络连接,且信息来源特别权威可靠。

一、词典

在译者使用的翻译资源中,最常见的是词典,包括纸版词典、桌面词典、在线词典等。这几类词典都有英语词典、汉语词典、英汉词典、汉英词典等不同的类型,常常适合查阅单词或短语的意思和搭配时使用。

1. 纸版词典

进入互联网时代后,译者较少使用纸版词典,一是因为纸版词典翻阅起来不方便,二是因为某一纸版词典收录的词条始终相对有限。尽管如此,纸版词典还是有其优点和适用范围的，如 CATTI 的二、三级笔译实务考试便允许带两本纸版词典，一本英汉词典，一本汉英词典，而有一些翻译大词典也广受译者的欢迎。市面上存在很多纸版词典，各有特色，以下简单介绍几本常用的。

（1）《牛津高阶英汉双解词典》（Oxford Advanced Learner's English-Chinese Dictionary）

该词典收录 185,000 余条单词、短语、义项，并且增收新词诸如 bestie、livestream 等牛津 3000 词，可以帮助译者理解词义，准确翻译。

（2）《朗文当代高级英语辞典》（Longman Dictionary of Contemporary English）

该词典收录单词、短语和释义共计 230,000 个（条），例证 165,000 个，还涵盖反映语言动态的新词和科技、经济等领域的专业词汇，如 podcast、googlewhack 等，能够帮助译者进行主题范围较广的翻译查证。

（3）《柯林斯 COBUILD 高阶英汉双解学习词典》（Collins Cobuild Advanced Learner's English-Chinese Dictionary）

该词典收录词汇、短语和释义 200,000 余条，每条释义、例证、用法均直接源自柯林斯语料库，呈现词语的地道用法，能够帮助译者了解词语使用的真实语境，从而在翻译中准确理解和使用词语。

（4）《英汉大词典》（The English-Chinese Dictionary）

陆谷孙主编的《英汉大词典（第 2 版）》共收录词条 220,000 条，例证近 240,000 条，覆盖面广，释义精准通达，兼顾学习型词典特征和百科信息，是联合国编译人员使用的主要英汉工具书，能够帮助译者在英汉翻译时进行词义的确定和翻译的选择。

（5）《汉英大词典》（The Chinese-English Dictionary）

吴光华主编的《汉英大词典（第 3 版）》共收主词条 240,000 条，新增新词新义 15,000 条，总字数增加到 16,000,000，并特别注重收集近年来社会生活中涌现出的新词新义，如"猪流感""不折腾""躲猫猫"等，能够帮助译者在汉英翻译时进行词义的确定和翻译的选择。

（6）《新时代汉英大词典》（New Age Chinese-English Dictionary）

吴景荣、程镇球主编的《新时代汉英大词典》收录近 120,000 个条目，其中包括政治、经济、文化、金融、高科技等方面的流行新词，释义准确，译文精当，例证丰富，能够帮助译者在汉译英时进行有效率的信息查证。

2. 桌面词典

桌面词典使用非常方便，收录内容十分丰富，是很多译者工作的必备资源。常见的几款桌面词典各有自己的优缺点，主要功能不同，界面特征也不尽相同，但基本都能够满足译者在翻译过程中遇到的词汇、短语和信息查证的需要，也能通过丰富的例证为译者提供搭配指导和翻译选择。桌面词典有很多，以下介绍两款很多译者常用的桌面词典。

(1)《灵格斯词典》

《灵格斯词典》是一款简明易用的桌面词典,支持全球超过80多个国家语言的词典查询和全文翻译,提供海量词库免费下载,专业词典、百科全书、例句搜索和网络释义都能在上面找到。

《灵格斯词典》的基础查词界面比较简单,自身几乎不带专业的大词典,能够查阅到词条在《维科英汉词典》《简明英语同义词反义词词典》和《互动百科》上面的释义。如图6-1、图6-2所示。

图6-1 《灵格斯词典》查询界面一

图6-2 《灵格斯词典》查询界面二

基本的词条解释一般不能满足专业译者查阅单词或信息的需要，所以《灵格斯词典》还有另一强大的功能，即可以通过"词典管理"选择加载安装词库，如《朗文当代高级英语辞典》《麦克米伦词典》（*MacMillan English Dictionary-American*）等。这样一来，当译者查阅某一词条时，便可以看到这一词条在不同的词典或百科平台上的相关释义和扩展信息了。如图6-3所示。

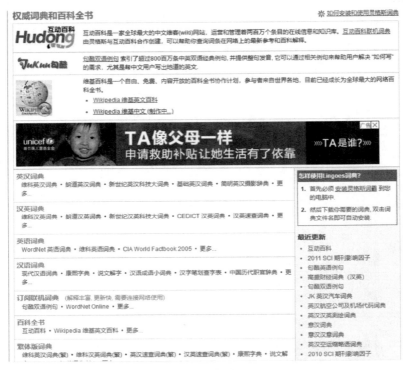

图6-3 《灵格斯词典》查询界面三

《灵格斯词典》的不足之处在于没有MAC版，使用MAC系统的译者难以享受到这一款用户体验颇佳的桌面词典带来的便利。

（2）《有道词典》

《有道词典》是译者常用的翻译资源之一，是网易有道推出的一款免费桌面词典，有PC版、MAC版、Android版、iPhone版等多平台版本。该词典完整收录《牛津词典》《朗文当代高级英语辞典》《COBUILD英汉双解词典》等多部权威词典，词库大而全，查询快又准，并且还实时收录社会上热门流行的新词汇，能够满足译者大部分的查证单词、短语的需求。

《有道词典》包含了网络释义、专业释义、英英释义，以及词组、短语搭配、双语例句等，为译者提供更多的查词需求或翻译选择。但值得注意的是，这些释义和例句来源并非绝对权威，有时可能并不准确，会误导部分甄辨能力不强的译者。

《有道词典》还融入了《百度百科》和《维基百科》，能够为用户提供词条在这两大百科平台上的解释，节省了查证信息的时间，十分便利。不足之处在于，并非所有词条都有相关的百科解释，而且有些百科来源的信息也需要译者自己进一步甄辨其真实性和可靠性。《有道词曲》查询界面如图6-4、图6-5、图6-6所示。

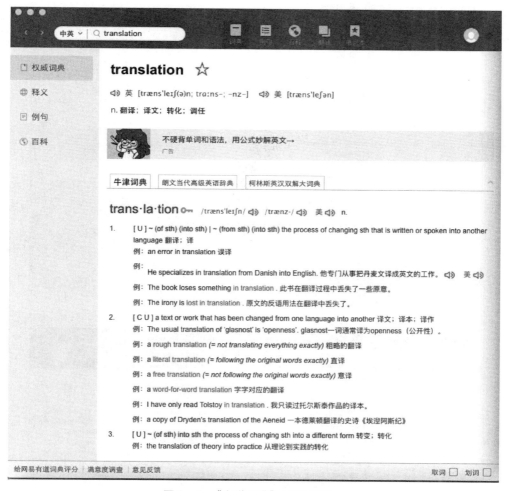

图6-4 《有道词典》查询界面一

图6-5 《有道词典》查询界面二

图6-6 《有道词典》查询界面三

3. 在线词典

在线词典需要在连接网络的环境下使用，是为用户提供实时查询服务的网上词典，可以查阅到的词汇信息有时比桌面词典更加丰富。此外，在线词典的种类广、数量多、专业性强，能够为译者提供更多新词解释、海量例句和翻译选择。

在线词典可以分为两大类：一是纸版词典或电子化词典的在线版本；二是专业网络在线词典及在线词典平台。第一类的在线词典跟纸版词典、桌面词典的功能类似，如《柯林斯大词典》在线版（https://www.collinsdictionary.com/）等，此处不一一赘述；第二类在线词典数量也非常多，以下主要介绍几个常见的、功能各有侧重的在线词典。

（1）《牛津英语线上辞典》（https://www.oed.com/）

《牛津英语线上辞典》拥有600,000词汇量，3000,000引言。其最大的优点是能够查到每一个英文单词的词源，以及该词在不同时期的文学作品或著作中的使用含义和例句，对翻译古旧类的英文材料很有帮助。唯一的不足是，该词典需要购买版权，不是免费资源。

（2）《英英在线词典》（https://www.thefreedictionary.com/）

《英英在线词典》上可以查阅到英语单词的英英释义、近义词词典、习语搭配、专业领域解释、百科解释等。其中的近义词词典Thesaurus，对翻译过程涉及的近义词辨析和选词非常有帮助。

（3）《英文名字翻译词典》（http://ename.dict.cn/）

《英文名字翻译词典》是《海词》提供的查询英文名字含义、来源和翻译的在线名字翻译网站，基本能满足常见英文名字翻译的需求。

（4）《海词》（http://dict.cn/）

《海词》是中国第一个在线词典，收录有20,000,000词汇，配释义、讲解、例句等，是常被译者使用的在线词典。

（5）《汉辞网》（http://www.hydcd.com/）

《汉辞网》提供《汉语大辞典》《辞海》《新华字典》等汉语资源的在线查询词典，能够查阅到汉字和词汇的释义、配搭、例句和英文翻译等。

（6）《汉典》（http://www.zdic.net）

《汉典》是提供汉语搜索的网络词典，内容包括《汉语字典》《汉语词典》《康熙字典》《说文解字》等板块。该词典对每个汉字的词源和意思都有解释，并列出该字或词在中文典籍中的内容和阐释，对汉字的词源查询、典籍知识的查证等方面很有帮助。

二、术语库

众所周知，译者面对的翻译文本来源于不同专业领域，翻译过程常常涉及专业术语翻译，因此善于利用不同专业领域的术语库资源是译者专业素养之一。以下介绍一些在翻译实践中能够帮助译者节省术语查证时间、提高翻译效率的术语库。

(1)《术语在线》(http://www.termonline.cn/index.htm/)

由全国科学技术名词审定委员会主办,定位为术语知识服务平台,聚合了全国科学技术名词审定委员会权威发布的规范名词数据库、海峡两岸名词数据库和审定预公布数据库累计450,000余条规范术语,覆盖基础科学、工程与技术科学、农业科学、医学、人文社会科学、军事科学等各个领域的100余个学科。

(2)《多行业共享术语库》(http://cn.termwiki.com/)

《多行业共享术语库》能够以多种语言提供术语和类似百科全书的短语,包含1,100,000余条术语,涵盖75种语言和1200个主题,帮助用户拓展知识。

(3)《联合国术语库》(http://untermportal.un.org/)

《联合国术语库》是由联合国总部建立的多语种全球在线术语库系统,由联合国术语和参考资料科负责,面向全球范围的用户开放,其搜索引擎包含联合国六种官方语言(英语、阿拉伯语、汉语、法语、俄语和西班牙语),还包括德语和葡萄牙语。

(4)《中国特色话语对外翻译标准化术语库》(http://210.72.20.108/index/index.jsp/)

《中国特色话语对外翻译标准化术语库》是由中国外文局、中国翻译研究院主持建设的首个国家级多语种权威专业术语库,收录50,000余条有关中国最新政治话语、马克思主义中国化成果、改革开放以来党政文件、敦煌文化等方面的专业术语,内容权威可靠。

(5)《中华思想文化术语库》(https://www.chinesethought.cn/TermBase.aspx/)

《中华思想文化术语库》由教育部、国家语委牵头,多部委联合参加建设的术语库,主要包括反映中国传统文化特征和民族思维方式、体现中国核心价值的思想文化术语。

三、语料库

语料库是存放现实中使用的语言资料的数据库。在翻译实践中,当译者遇到了不确定的表达问题时,语料库能帮助译者获取专业知识、学习专业术语、借鉴表达方式、模仿写作风格以及提高翻译效率。同时,因为语料库搜索给译者提供数量众多的词条及其搭配,如一些英语语言类的语料库能提供单词的词频信息,帮助译者了解词语在实际应用场景中的具体使用情况,提供同一语境下的词语搭配参考。一些单语语料库或双语语料库甚至能为译者提供翻译选择和参考。以下介绍几个译者常用的语料库。

(1)《杨百翰大学语料库》(Brigham Young University Corpus,BYU)(http://corpus.byu.edu/)

这是杨百翰大学的Mark Davies教授开发的语料库统一检索平台,整合了《美国当代英语语料库》《美国历史英语语料库》《美国时代杂志语料库》《英国国家语料库》《西班牙语料库》《葡萄牙语料库》等十多个语料库的资源。该网站每月有 130,000 人的使用量，已成为目前使用最广泛的网络语料库之一。

（2）《英国国家语料库》（British National Corpus，BNC）（https://www.english-corpora.org/bnc/）

《英国国家语料库》是目前网络可直接使用的最大的语料库之一，也是目前世界上最具代表性的当代英语语料库之一，库词容量超过 1 亿，由 4124 篇代表广泛的现代英式英语文本构成，其中书面语占 90%，口语占 10%。

（3）《美国当代英语语料库》（Corpus of Contemporary American English，COCA）（https://www.english-corpora.org/coca/）

《美国当代英语语料库》是目前最大的免费英语语料库之一，由包含超过 10 亿词的口语、小说、流行杂志、报纸以及学术文章等 8 种不同的文体文本构成。

（4）BrainyQuote（https://www.brainyquote.com）

《BrainyQuote 语料库》是世界上最大的英语引语库之一，提供历史上知名人士，包括名人名流、运动员、政治家、作家等人的引语。如果译者在翻译时遇到一些知名人士的引语需要翻译，不妨在此网站搜索一下是否有相应的译文。

（5）《中国汉英平行语料大世界》（http://corpus.usx.edu.cn/）

《中国汉英平行语料大世界》由绍兴文理学院创建，收录了大量中国经典文学作品的双语语料，如《老子》《红楼梦》《西游记》《京华烟云》《毛泽东选集》等，并提供免费的检索功能。除文学类双语语料之外，该语料库还包含中国法律法规的汉英平行语料库。

（6）《中国哲学书电子化计划》（http://ctext.org/zhs/）

《中国哲学书电子化计划》是一个线上开放电子图书馆，能为用户提供中国历代传世文献，收藏的文本已超过 30,000 部著作，并有 50 亿字之多，部分文献有中英双语对照版本。在翻译时如果遇到一些来源于中国经典文献中的引言，便可查阅此语料库，找到相应的既有翻译。

（7）《语料库在线》（http://corpus.zhonghuayuwen.org/）

《语料库在线》是一个大规模的平行语料库，全库约为 1 亿字符，语料选材类别广泛，包括人文与社会科学类、自然科学类、综合类这三大类别，时间跨度大，并提供在线检索。

（8）《中文语言资源联盟》（Chinese Linguistic Data Consortium，CLDC）（http://www.chineseldc.org/）

中文语言资源联盟是由中国中文信息学会语言资源建设和管理工作委员会发起，由中文语言（包括文本、语音、文字等）资源建设和管理领域的科技工作者自愿组成的学术性、公益性、非盈利性的社会团体，其宗旨是团结中文语言资源建设领域的广大科技工作者，建成代表中文信息处理国际水平的、通用的中文语言语音资源库。为中文信息处理等基础研究和应用开发提供支持，促进技术的不断进步。

目前，中文语言资源联盟的资源库已经大量服务于教育、科研、政府研究部门和工业技术开发中，为中文信息处理的基础研究和应用开发提供了强有力的支持。

四、百科全书

译者在翻译实践中常常需要查证各个不同领域的信息或平行文本，百科全书或百科全书式的搜索平台便能够为译者提供可靠的信息。有时，一些双语或多语种的百科条目还能为译者提供翻译参考。以下介绍几个百科全书或百科全书式平台供参考。

（1）《大英百科全书》（https://www.britannica.com/）

《大英百科全书》是当今世界上最知名也是最权威的百科全书之一，由世界各国、各学术领域的著名专家学者为其撰写条目，囊括了对人类知识各重要学科的详尽介绍，和对历史及当代重要人物、事件的详实叙述，其学术性和权威性为世人所公认。

（2）维基百科（https://www.wikipedia.org）

维基百科是非营利组织维基媒体基金会负责营运的一个网络百科全书项目，由全球各地的志愿者们合作编撰而成，已收录超过 30,000,000 篇条目，很多条目有多语种释义，能够为译者提供相关信息和中英文对照的翻译参考。然而，值得注意的是，维基百科对编辑者没有遴选，任何人都能够通过注册增添、修改或删除条目内容，因此使用维基百科上的知识也需要甄别。

（3）百度百科（https://baike.baidu.com/）

百度百科是百度公司推出的一部内容开放、自由的网络百科全书平台，收录超过 1,500,000 词条，几乎涵盖所有已知的知识领域，能够为译者提供相关信息和某些词条的对应中英文翻译参考。同样地，百度百科对编辑者没有遴选，使用上面的知识时也需要甄辨。

（4）MBA 智库（https://www.mbalib.com/）

MBA 智库是一个专业的中文经管领域的百科平台，也是从事企业管理工作人员的专业媒体集合平台，能够提供一些经管类的条目释义甚至对应的英文翻译。

（5）北大法宝（www.pkulaw.cn/）

北大法宝由北京大学法制信息中心与北大英华科技有限公司联合推出的智能型法律信息一站式检索平台，是一个成熟、专业、先进的法律信息全方位检索系统，涵盖法律信息的各种类型，很多法律条文有对应的英文版，能够为译者提供法律领域的翻译参考。

五、搜索引擎

搜索引擎可能是除了桌面或在线词典外最为常用的翻译资源了。译者常用的搜索引擎一般包括谷歌、微软必应、百度等。它们各有自己特色，如谷歌和微软必应在搜索英文内容上存在优势，而百度在中文搜索能力上更加本土化。在使用的便利程度上，微软必应和百度则是更占优势。在使用搜索引擎时，译者如果使用以下介绍的一些简单搜索技巧，便能更有效率地查证出目标信息或译文参考。

检索技巧1：同时输入部分译文。例如，译者需要翻译的术语是"图书漂流"，那么在微软必应上可以输入源语字句，再加上译者确定的部分译文，即"图书漂流book"，检索出来的结果第一页上便有一些既有原文也有译文的资料，有助于译者快速了解背景知识和获取相关术语的可能翻译译文。阅读完前几条检索出来的结果后，可以确定"图书漂流"的英文译文为"book crossing"。微软必应检索界面如图6-7所示。

图6-7　微软必应检索界面

检索技巧2：掐头去尾，即保留一部分更常见、更通用的原文信息进行检索。例如，译者需要翻译的原文是"广州宏景房地产开发有限公司"，那么在百度上可以输入"房地产开发有限公司"，再加上检索技巧1中提及的"译者确定的部分译文"，那么检索出来的结果第一页上便有很多值得参考的既有译文或平行文本，然后翻译时再补齐检索时掐头去尾的信息即可。参考一下前几条检索出来的结果后，可以确定"广州宏景房地产开发有限公司"的英译文可为"Guangzhou Hongjing Real Estate Development Co. Ltd."。百度检索界面如图6-8、图6-9所示。

图6-8　百度检索界面一

检索技巧3：加入译入语的专业类别词。例如，译者需要翻译的是佛学类文本中出现的"八正道"，那么在百度上可输入原语字句和译入语的专业类别词，即"八正道 Buddhism"，那么检索出来的结果第一页上便有可参考的可能译文，最后再通过阅读相关结果页面和文献，可以确定"八正道"的英文翻译为"Eight-fold Path"。

第六章 翻译辅助工具

图 6-9 百度检索界面二

检索技巧4：搜索时使用通配符星号（*），用以代替任何单词。例如，译者需要翻译的词语是"奥运火炬传递"，在谷歌上可以输入"奥运火炬传递 torch *"，那么检索出来的结果第一页上便有可参考的可能译文，译者可参考、查证后确定是否为正确的译文。谷歌检索界面如图 6-10 所示。

图 6-10 谷歌检索界面

97

六、其他工具书

除了词典和百科全书外,还有一部分工具书是按特定形式编排、专供查找特定信息的特殊文献资料。常见的类型有年鉴、手册、指南、名录及传记性资料,以及地理性资料。这些工具书种类庞杂,内容丰富,经典性和权威性毋庸置疑。但是,工具书的编纂花费了相当大的人力,相比其他翻译资源而言,它们的时效性较差,信息量也较少,基本只能解决工具书编纂者预先设定好的问题。

练习强化:

请将下列句子翻译成中文或英文,并讨论各类翻译资源对翻译实践所起的作用和意义。

(1) *The Paris Agreement* on climate change is an important expression of collective commitment to limit the rise in global temperature to well below 2 degrees Celsius and as close as possible to 1.5 degrees.

(摘自2018年联合国发布的"Report of the Secretary-General on the Work of the Organization")

(2) Development system reform is about becoming much more effective, well-coordinated, transparent and accountable to better assist countries in implementing *The 2030 Agenda for Sustainable Development*.

(摘自2018年联合国发布的"Report of the Secretary-General on the Work of the Organization")

(3) During the course of the extension, the European Council is clear that the UK will continue to hold full membership rights, as well as its obligations.

(摘自2019年4月11日Theresa May在欧洲理事会上的声明)

(4) "河海不择细流,故能就其深。"如果人为阻断江河的流入,再大的海,迟早都有干涸的一天。

(摘自2019年习近平在第二届"一带一路"国际合作高峰论坛开幕式上的主旨演讲)

(5) 梅县机场距梅州市中心4公里,占地面积1295亩,机场飞行区等级为4级,跑道长1800米,宽40米,可供波音737及以下各型飞机起降。

(摘自2015年广东龙浩航空集团有限公司宣传画册)

第二节　翻译技术

随着计算机技术日新月异的发展，从前传统的翻阅大部头纸版字典、在带格草稿纸上奋笔疾书进行翻译的场景已成历史，取而代之的是在计算机上进行翻译。周光父曾指出，译者使用计算机可提高翻译效率，并总结了计算机的六点主要帮助：①文字录入总体上提高了翻译速度；②汉字输入方案的造词功能可大大提高翻译速度；③大多数文字处理软件都有强大的编辑功能；④文字处理软件都有强大的插图、表格和公式处理功能；⑤语音输入软件进一步提高了输入速度；⑥机器翻译前景广阔（王华树，2015：8）。近十多年来，随着信息技术、人工智能、自然语言处理、云翻译等的发展，翻译技术突飞猛进，翻译系统功能不断提升，翻译行业生产力不断提高，传统翻译方式在新技术浪潮中逐渐被淘汰，新翻译技术和工具被越来越多的译者所接受、使用和推广。

翻译技术是能够帮助语言翻译及其他跨语言交流的信息技术，比如利用一些软件来帮助翻译，提高翻译效率。常见的翻译技术和工具包括双语编辑工具、拼写和语法检查工具、电子资源（电子词典和电子工具书）、互联网、计算机辅助翻译软件、语音文字识别软件、语料库检索和分析工具、术语管理工具、翻译记忆工具、质量检查工具、桌面排版工具、机器翻译等。本节将简要介绍其中一些翻译技术和工具。

一、机器翻译技术

翻译技术的各种研究都起源于机器翻译（Machine Translation，MT），机器翻译是所有翻译技术研发的根源。

机器翻译技术始于20世纪40年代，可分为基于规则的机器翻译、基于统计的机器翻译和基于神经网络的机器翻译。传统的机器翻译主要是基于统计的机器翻译，一般能够在精确度上做得比较好，但是在译文流畅度上有很大的不足，往往只是基于词语层面意思的翻译，而缺少对句子整体信息的把握。目前，基于神经网络的机器翻译技术发展很快，在译文流畅度和精确度上均有较好的表现，大幅提高了机器翻译的质量。国外很多企业已经部署了定制化的机器翻译系统，将机器翻译连同译后编辑模式引入其产品国际化流程体系中。未来机器翻译技术将会对翻译行业产生重大的影响。

由于机器翻译方法具有很多优势，如翻译速度快、周期短、无须人工干预等，在特定领域训练数据充分的情况下译文虽不完美，但也能达到可理解的水平。因此，近二十年来机器翻译研究发展非常迅速，尤其伴随着大数据和云计算技术的快速发展，机器翻译系统已经走进了人们的日常生活，在很多特定领域为满足各种社会需求发挥了重要作用。

美国发明家、未来学家雷·科兹威尔（Ray kurzweil）在接受《赫芬顿邮报》（*The Huffington Post*）采访时预言，到 2029 年，机器翻译的质量将达到人工翻译的水平。对于这一论断，学术界还存在很多争议。不论怎样，目前是人们对机器翻译最为看好的时期，这种关注是建立在一个客观认识和理性思考的基础上的。我们有理由相信，在计算机专家、语言学家、心理学家、逻辑学家和数学家的共同努力下，机器翻译的瓶颈问题将会得以解决。

目前，谷歌、微软和百度、有道等都为用户提供了免费的在线多语言翻译系统。谷歌主要关注以英语为中心的多语言翻译。百度则同时关注以英语和汉语为中心的多语言翻译。另外值得一提的是，腾讯云机器翻译由腾讯领先 AI 团队打造，自研神经网络翻译引擎，翻译结果具有高度准确率与流畅度。腾讯云机器翻译结合了神经机器翻译和统计机器翻译的优点，从大规模双语语料库自动学习翻译知识，实现从源语言文本到目标语言文本的自动翻译，目前可支持十余种语言的互译。机器翻译不仅服务了内部的多个产品，也广泛支持了外部软件、会展的翻译服务，日均翻译请求超过 5 亿。

二、计算机辅助翻译技术

计算机辅助翻译（Computer-aided Translation，CAT）是语言服务行业应用最多的技术，该技术通过将翻译过的内容按照句子为单元保存起来，形成语言资产积累（又称翻译记忆库）。对于每次新来的翻译任务，都可以比对翻译记忆库中的内容，获取相同或相似的译文，以达到提高效率或节省成本的目的。CAT 技术的发展经过了几个阶段：单机部署、对等网部署、局域网部署、云部署。云部署是发展趋势，目前正被业界广泛接受。成熟的 CAT 工具能够支持各种文件格式，基本实现一站式交付，保证代码、格式等信息在翻译过程中不被破坏，让客户可以直接使用翻译后的文件。

CAT 工作流程可分为译前、译中、译后三个阶段，详见图 6-11。译前主要对各类型原文文件进行格式过滤和句段切分、建立翻译记忆库、建立术语库，为预翻译做好准备。译中主要是在翻译记忆库和术语库的作用下进行翻译，并确保译文风格统一。译后主要完成质量保证（quality assurance）、桌面排版（desktop publishing）等，以确保最终产品符合用户要求。

CAT 技术的优势主要在于整个翻译流程技术化、规范化，翻译效率比起人工翻译要大大提高，因此，近年来越来越多的专业译者在翻译实践中应用计算机辅助翻译技术，CAT 技术也成为各大翻译院校的必授课程之一。CAT 工具工作流程如图 6-11 所示。

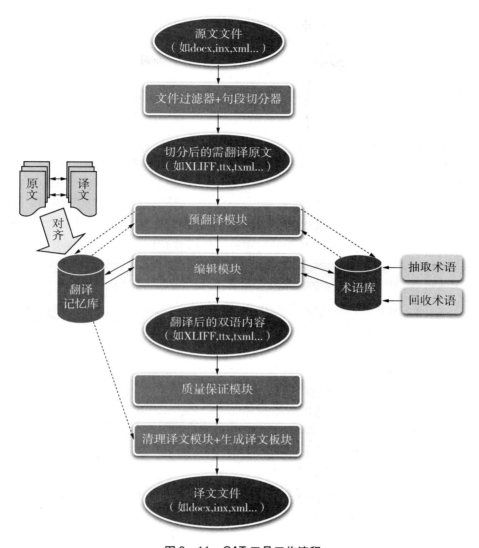

图 6-11 CAT 工具工作流程

计算机辅助翻译工具有很多,以下为常见的国内外 CAT 工具:
SDL Trados(https://www.sdltrados.cn/cn/)
Déjà Vu(https://www.atril.com)
memoQ(https://www.memoq.com)
Heartsome(https://github.com/heartsome/tmxeditor8)
OmegaT(https://omegat.org/)
Wordfast(https://www.wordfast.net/)
Transmate(http://www.urelitetech.com.cn/)
传神 iCAT(http://icat.iol8.com/index)

雅信 CAT（http://www.yxcat.com/Html/index.asp）

雪人 CAT（http://www.gcys.cn/）

译者可根据翻译需求、软件特点、软件价格等因素选择适合自己的 CAT 工具来辅助翻译实践。

三、翻译字数统计工具

翻译项目经理通过统计字数了解项目工作量，给客户报价，并根据工作量选择并安排译员和审校人员，而译员可通过字数统计判断是否承接翻译任务，译后可获得相应费用。

常见的字数统计工具有：办公文档自带的字数统计工具，如 Microsoft Word，Excel 和 PowerPoint 均自带字数统计功能；计算机辅助翻译工具中的字数统计模块，几乎所有常见的计算机辅助翻译工具均带有字数统计功能；专业字数统计工具，如 Practicount and Invoice, UltraEdit, AnyCount 等；还有在线字数统计工具，如 TransAbacus（如图 6-12 所示，http://www.transabacus.com/）；等等。

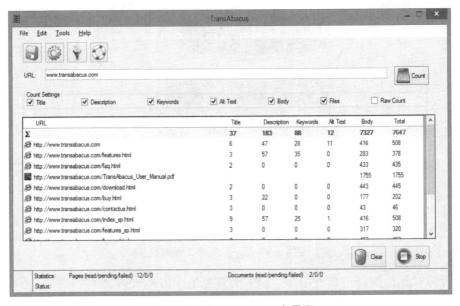

图 6-12　TransAbacus 主界面

四、文档格式转换工具

为存储信息，电脑使用特殊的编码方式识别内部存储的资料，每一类信息都可通过一种或多种格式保存。由于电脑配置、软件环境、客户要求不同，不可能同时安装所有格式的支持控件，为了提高效率，满足不同需求，需要进行文档格式转换。

第六章 翻译辅助工具

常见的文档格式转换工具有 DOC-PDF Converter，Arbortext Editor，WinCHM（如图6-13、图6-14所示），HTML Workshop 等。

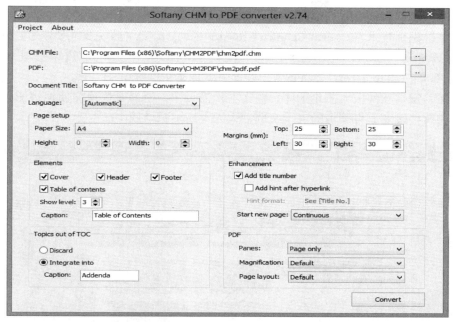

图6-13　WinCHM 软件功能之一：CHM 格式转换成 PDF 格式

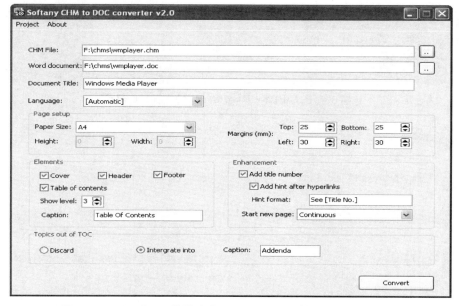

图6-14　WinCHM 软件功能之二：CHM 格式转换成 DOC 格式

五、图像文字识别软件

有时,客户提交的内容以不可编辑的图像形式或纸质材料出现,为方便计算机辅助翻译工具直接提取,提高效率,将不可编辑版本转换为可编辑版本,需要用到光学字符识别技术(Optical Character Recognition,OCR),常见的 OCR 文字识别软件有 ABBYY FineReader(如图 6-15、图 6-16 所示),Readiris Pro,汉王文本王文豪 7600,Capture Text,ScanSoft,丹青中英日文文件辨识系统等。

文字识别软件极大简化了译者的文本扫描工作,使译者快速简便地将图像文件或纸质文档转变成可编辑的电子文档,大大提高了翻译效率。

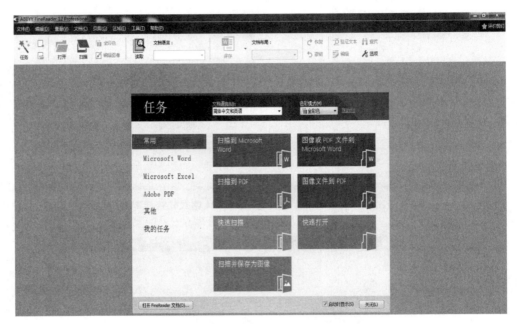

图 6-15 ABBYY FineReader 的主要功能界面

图 6-16 ABBYY FineReader 也是一款功能强大的 PDF 编辑转换器

六、术语提取工具

术语提取工具可根据现有已翻译文档创建术语表。它能够与现有翻译记忆库配合使用,可在子句段层面检查术语的出现频率,自动定位并从现有文档或翻译记忆库中提取可能的单语或双语术语,从而快速建立新的术语库和词汇表,让译者不必手动搜索术语,从而节约时间,提高效率。

常见的术语提取工具有 SDL MultiTerm Extract,Déjà Vu X 的术语提取工具和语帆术语宝(如图 6-17 所示)。但是中文词语切分一直是业界难题,国外的术语提取工具显然对中文都不太友好,提取的结果乱码居多,准确性差,实用性差。而语帆术语宝相对来说准确性更好,更适合提取源语是中文的单语或双语文档。

图 6-17 语帆术语宝在线提取术语 (http://termbox.lingosail.com/console)

七、双语对齐工具

对齐工具又称语料回收工具,语料回收是翻译工作的重要组成部分。通过双语对齐,译者可建立翻译记忆库,在翻译过程中,译者也可以不断地在已有的翻译记忆库中添加双语语料。这样在翻译新文章时,翻译记忆库会自动抽取已翻译过的相同或相似的句子,从而减少重复翻译,节省译者的时间和精力,提高翻译效率。

常见的双语对齐工具有:SDL Trados WinAlign,Transmate 语料对齐工具,Déjà Vu X Alignment Tool 等。尤其是 Tmxmall 的在线双语对齐工具(如图 6-18,https://www.tmxmall.com/aligner),功能强大,操作简单,一目了然,远远超过其他同类工具的使用体验。

图 6-18　Tmxmall 的在线对齐功能

八、质量检查工具

翻译完成后，为了确保译文的文字信息内容和外在格式样式满足客户的需求，需要从语言质量和非语言质量两个方面来提示译文产品质量。质量检查工具主要针对非语言质量问题，比如漏译、术语不一致、标点符号出错、数字出错等。

目前，常见的计算机辅助翻译软件基本上都集成了质量检查功能（如图 6-19 所示），其他常见的质量检查工具有 ApSIC Xbench（如图 6-20、图 6-21 所示），Yamagata QA Distiller 等。

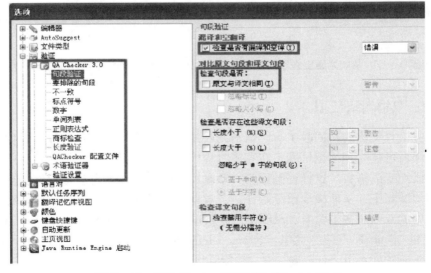

图 6-19　SDL Trados 2017 QA Checker 3.0

第六章 翻译辅助工具

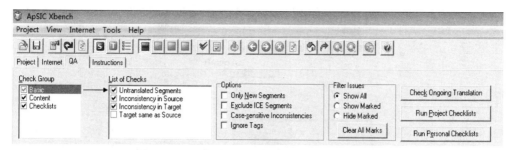

图 6-20　ApSIC Xbench 的 QA 可以检查漏译、术语错误、不一致等问题

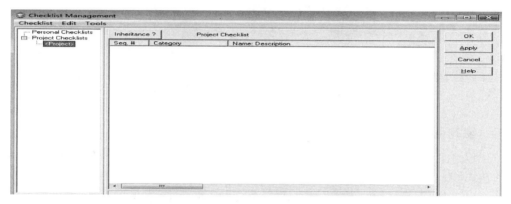

图 6-21　ApSIC Xbench 的 QA 可以自定义 Checklist

九、桌面排版工具

桌面排版又称为桌面出版（Desktop Publishing, DTP），是本地化过程及翻译服务中的重要组成环节。经过最近二三十年的发展，它通常被认为是通过利用计算机系统及各种桌面排版软件，对多模式、多语言的待编辑内容进行文字、表格、图形编辑及版面设计等。其出版媒介也由过去单纯的纸质媒介扩大到更广泛的多媒介出版。

具体而言，桌面排版就是根据不同国家或地区有关文字的特殊规定或要求，对文件进行排版，以达到正式出版的要求。具体操作会涉及文字的横排与竖排，顺序是从左到右还是从右到左，是否如同英文一样允许字体加粗或者斜体，对图片、表格等进行的更复杂的排版要求，等等。在翻译中，译者经常需要处理上述文字、图形、图像等，掌握桌面排版的技能，对译者最后交付译文时，保证最好质量、确保最大程度满足客户质量要求有很重要的帮助（钱多秀，2011：259）。

常见的桌面排版软件有 FrameMaker（如图 6-22 所示），CorelDraw，InDesign，Illustrator 等。

107

图 6-22　利用 FrameMaker 进行排版

练习强化：

请将下列句子和段落翻译成中文或英文，并讨论各类翻译工具对翻译实践所起的作用和意义。

（1）But perhaps the motivation of the founders of major foundations—from Carnegie and Rockefeller to Gates and Buffett—was poignantly stated most recently by Joseph Hirschhorn, the wealthy art collector for whom the Hirschhorn Collection on the Mall in Washington was named.

（摘自 Joel L. Fleishman 的 *The Foundation: A Great American Secret*）

（2）There are countless opportunities to U. S. corporations available through BRI projects. Honeywell International is already working with partners to further oil and gas development along the Belt and Road. General Electric has signed a number of deals with partners of the BRI which will help to provide reliable power and energy to critical regions across the world. Caterpillar is working with China's initiative to help solve Pakistan's severe power shortages. Meanwhile, Citibank is actively providing financing for projects through the markets along the Belt and Road.

（摘自 2019 年驻美国大使崔天凯在美国《财富》杂志上发表的署名文章 "Why the U. S. Shouldn't Sit Out the *Belt and Road Initiative*"）

（3）2015 年 8 月 17 日，外交部副部长刘振民会见尼泊尔外交部联秘卡纳尔为首的南盟国家中高级官员团。

（摘自 2015 年 8 月 18 日外交部新闻《外交部副部长刘振民会见南盟国家中高级官员团》）

（4）近年来，修订《商标法》，增加了惩罚性赔偿制度；修订《反不正当竞争法》，进一步完善了商业秘密的保护，同时明确市场混淆行为，引入标识的概念，拓宽对标识的保护范围。

（摘自 2018 年《中国与世界贸易组织》白皮书）

（5）青藏高原位于中国西南部，包括西藏和青海两省区全部，以及四川、云南、甘肃和新疆等四省区部分地区，总面积约 2 600 000 平方公里，大部分地区海拔超过 4000 米。青藏高原被誉为"世界屋脊""地球第三极""亚洲水塔"，是珍稀野生动物的天然栖息地和高原物种基因库，是中国乃至亚洲重要的生态安全屏障，是中国生态文明建设的重点地区之一。

（摘自 2018 年《青藏高原生态文明建设状况》白皮书）

本章参考文献和推荐阅读：

［1］ AUSTERMüHL F. Electronic Tools for Translators［M］. 北京：外语教学与研究出版社，2006.

［2］ 柯林斯 COBUILD 高阶英汉双解学习词典（第 8 版）［M］. 北京：外语教学与研究出版社，2017.

［3］ 李长栓. 非文学翻译［M］. 北京：外语教学与研究出版社，2009.

［4］ 李长栓. 非文学翻译［M］. 北京：外语教学与研究出版社，2009.

［5］ 陆谷孙. 英汉大词典（第 2 版）［M］. 上海：上海译文出版社，2007.

［6］ 钱多秀. 计算机辅助翻译［M］. 北京：外语教学与研究出版社，2011.

［7］ 史宗玲. 计算机辅助翻译：MT&TM［M］. 台北：书林出版有限公司，2004.

［8］ 吴光华. 汉英大词典（第 3 版）［M］. 上海：上海译文出版社，2010.

［9］ 吴景荣，程镇球主编. 新时代汉英大词典［M］. 北京：商务印书馆，2008.

［10］ 王华树. 计算机辅助翻译实践［M］. 北京：国防工业出版社，2015.

［11］ 俞敬松. 计算机辅助翻译原理与实践［EB/OL］.［20190801］ http://www.chinesemooc.org/

［12］ 中国翻译研究院，中国翻译协会. 2016 中国语言服务行业发展报告［R］. 北京：外文出版社，2017.

第七章 词汇层面的翻译技巧

从本章开始,我们介绍翻译中的常用技巧。与宏观层面的翻译策略和翻译方法不同,翻译技巧是局部的、微观层面的,是翻译在具体实践过程中所需的技术、技能或技艺(熊兵,2014:83)。根据翻译单位的大小,翻译技巧可分为词汇层面的技巧和句子层面的技巧。本章探讨的翻译技巧主要关注词汇层面,即词语和短语,具体包括增译、省译、词性转换、解包袱法、正译和反译等技巧。至于句子层面的翻译技巧,将在第八章阐述。

第一节 增译

由于英汉两种语言之间存在着各种差别,很多情况下,单靠直译不能完全达意。因此,本节讲述的翻译技巧实际上是翻译实践中各种灵活变通的方法,帮助译者更好地完成翻译任务。

增译也叫增词法,属于最常见的翻译技巧。顾名思义,增译就是在翻译过程中根据需求,增添一些原文字面上没有的表达,使译文更加忠实通顺地表达原文的思想内容(张培基,2009:57)。

[例7-1]

原文:There are two cognitive systems that drive the way we think and make decisions. System 1 is faster and more emotional; System 2 is slower and more thoughtful.

(摘自 Chris Grifths 的 *The Creative Thinking Handbook*,有改动)

译文:决定我们思考和决策方式的认知系统有两个。认知系统1的运行特点是快速、感性;认知系统2的运行特点是缓慢、深沉。

(赵嘉玉 译)

在例7-1中,译文在形容词 faster、slower 前增加范畴词"速度",在 emotional、thoughtful 前添加说明性表达"认知的来源",使译文更加流畅自然,符合译入语表达习惯。

第七章　词汇层面的翻译技巧

需要注意的是，增译不是随意的"无中生有"，译文仍受原文的限制。增加词语只是为了更好地表达原文意图，而不是随意窜改原文，增加原文本身没有的内容。许渊冲用数学公式做比喻，把增译的公式写作"2 + 1 = 2"（1990：7），道出了增译技巧的本质，即"加词不加意"。

[例 7 - 2]

原文：A traveler can often be seen at the bottom of the painting, walking along a winding road into the distant mountains.

（摘自 Roelof Jan Minneboo 的文章"Armando and the Chinese Landscape"）

译文：在画的底部，通常会看到内心孤独的游人沿着蜿蜒的道路走向远处的群山。

（学生译文）

与例 7 - 1 不同，例 7 - 2 的译文增添了形容词"内心孤独的"，但原文并没有表达此意。译者在译文中擅自添加了带有个人感情色彩的词语，属于"加词又加意"的过度翻译。这种做法在翻译实践中应该避免。

根据翻译需要，遇到以下三种情况，可以考虑使用增译法：明确原文意义；确保译文语法结构完整；完善译文表达。

一、明确原文意义

泰特勒（Anlexander Tytler）提出的翻译三原则中，第一条就是"译文须完整地再现原文的思想内容"。有时候，原文部分思想内容暗含在表层的语言结构之下，要在译文中完整体现原文暗含的意思，经常需要增加相应的词语。

如"What a day!"一句，是英语中典型的感叹句。此句的发出者因什么事发出了这样的感叹，则要根据上下文进行判断。同理，若要把此句译为汉语，也要根据实际情况把发出者暗含的意思体现出来。否则，直译为"什么的一天"并不能达意。

[例 7 - 3]

原文：He was sad. Very, very sad. Everything was just so bad today. What a day!

译文：他很伤心，非常非常伤心。今天的一切都糟透了。真是糟糕的一天！

[例 7 - 4]

原文：It was nice weather today after a week's rainy days. We played with our kids at the garden in the morning, visited our friends in the afternoon and had a great time, and we still had time to attend an open-air concert! What a day!

译文：下了一周的雨之后，今天天气很不错。早上我们跟孩子们在花园玩耍，下午去拜访了朋友，度过了愉快的时光，后来居然还有时间参加一场露天音乐会！真是<u>美好</u>的一天！

上面两例中的"What a day"根据语境分别增译了"糟糕"和"美好"，表达出了原文中隐含的意义，这样的增词是有必要的。

二、确保译文结构完整

由于英汉两种语言具有语法结构和表达方式等方面的差异，为了保证译文语法结构完整，增添词语有时候是必要的做法，以确保译文符合译入语的表达习惯。

[例7-5]
原文：Actually, the <u>reality</u> is the reverse.
译文：其实，<u>实际情况</u>恰好相反。
[例7-6]
原文：I have no other <u>objections</u> except that the plan may waste resources.
译文：除了可能浪费资源以外，我对该计划没有其他反对<u>意见</u>。

英语具有抽象性，而汉语多用具体表达。因此，在翻译抽象名词时，常常会使用增译法把该名词的具体所指或具体范畴说明清楚。除了抽象名词具体化之外，在句子翻译中也需要用到增译法来保证译文的通顺准确。

[例7-7]
原文：—You didn't know Mary before, did you?
　　　—Why! Of course, <u>I did</u>!
译文：—你以前不认识玛丽，对吧？
　　　—你说什么？我当然<u>认识她</u>！
[例7-8]
原文：Taking charge of selective thinking leaves you better placed to deliver more creative and useful outcomes in any situation. <u>How</u>?

（摘自Chris Griffiths的 *The Creative Thinking Handbook*）

译文：管好你的选择性思维，可以让你在各种情况下都有更好的空间收获更具创意、更高效的结果。<u>怎样才能做到这一点呢</u>？

（赵嘉玉 译）

在例7-7和例7-8中，原文都使用了省略形式，但汉语结构中则没有相应的省略形式，因此，译者增加了必要的表达，使译文符合汉语语言习惯。

三、完善译文表达

除了语义和语法上的必要性，有时候，增词还是为了使译文表达更加生动和自然。英语重形合，多以从句、代词等结构把各部分的意义"串"起来，避免同样的表达重复出现。而汉语多用重复，句式也相对比较灵活。因此，重复（repetition）作为一种特殊的增译法，在英译汉时常常用来完善译文表达。

[例 7-9]

原文：If you wish, allowing a moment of gratitude for the hard work that your feet are doing which we usually take for granted.

（摘自 Chris Germer 和 Kristin Neff 的 *Mindful Self-Compassion Teacher Guide*）

译文：如果你愿意，请花一点时间<u>感谢</u>双脚的<u>辛劳</u>，<u>感谢</u>那些通常会被我们视作理所当然的<u>努力</u>。

（赵嘉玉 译）

原文是英语句子中比较典型的"葡萄式"结构，整个句子的意义以 for、that 和 which 串联起来。原文只出现了一次 gratitude，对 hard work 的修饰部分也比较长。如果按照原文结构只译一次"感谢"，译为"感谢通常被我们视作理所当然的双脚的努力"，因为定语太长，这种表述显得十分累赘。而译文采用重复法，连用两次"感谢"把过长的修饰成分一分为二，并以"辛劳"和"努力"重复表述 hard work，这样既没有改变原文意思，又符合汉语流水句的表达，给人娓娓道来之感。

综上，增词法的主要作用包括明确原文意义、确保译文结构完整以及完善译文表达。如果以通俗的话总结增词法的原则，则此法实际上是一种在不改变原文意义的前提下把译文意思"说清楚"的翻译技巧。

练习强化：

请将下列句子和段落翻译成中文，在有需要的地方使用增译法。

(1) Economic growth must be inclusive to reduce poverty and curb inequality.

(2) With so many chapters and so little time, what should we choose to read in this book?

(3) People who have difficulty balancing or walking can practice another exercise sitting in a chair and disregard the walking instructions.

(4) —We can intentionally put the printer a little further to improve movement in the office.

—What an idea! It will definitely work well!

第二节 省译

省译法又叫减译法或省略法。与增译相应,省译指的是原文的有些表达在翻译时选择不译出来,因为译文中"虽无其词,已有其意"。又或者,如果译出反而显得累赘或不符合译入语表达习惯,则无需译出(张培基,2009:88)。

[例 7-10]
原文:We operate on "autopilot" —we wake up in the morning, we get dressed, we journey to work, and we go about our daily tasks without giving it much thought.
(摘自 Chris Grifths 的 *The Creative Thinking Handbook*,有改动)
译文:我们都开启了"自动驾驶"模式——(我们)早上起床,(我们)穿好衣服去上班,然后(我们)开始完成日常任务,并不会想(它)太多。

(赵嘉玉 译)

在例 7-10 的译文中,括号内的词就是原文有而译文省去不译的地方,因为根据汉语意合的特点,即便不把所有的 we 都译出,读者仍能清楚地知道整句的主语都是"我们"。而省译"it"则是出于语义的考虑。此外,如果把所有的代词都译出来,译文会显得啰唆累赘,因此,省译是使译文通顺流畅的最佳处理方法。

正如增译法不能随意增加原文没有的内容,省译也不能随意删减原文存在的内容,弱化原文意义。如果用许渊冲教授的数学公式比喻,那么省译就是 2-1=2,即"减词不减意"(1990:7)。

[例 7-11]
原文:Colombia has a rich culture and abounds in natural resources.
译文:哥伦比亚文化资源丰富。

例 7-11 的译文或是为了简洁,或是为了结构对称("文化"和"资源"都是双音节词),省译了"natural"。但"资源"既包括自然资源,也包括社会资源,省略之后,原文的"自然资源"变成了"文化资源",译文与原文意思不符。因此,该译文属于"减词又减(改)意",不可取。

根据翻译需要,遇到以下三种情况,可以考虑使用减译法:省略虚词和代词,省略冗余词,语义省译。

一、省略虚词和代词

在英语中，某些虚词和代词只是语法结构的必要成分，并不承载过多的实际意义，或者其意义已经在文中提及。这时，如果每个虚词和代词都翻译出来，虽然不算错，但很可能会产生翻译腔或者使语句累赘（叶子南，2008：77），因此需要省译。

[例 7-12]
原文：She became known for her bold opinions, her strange clothing and the blind faith she had in herself.
译文：她因大胆的言论、奇怪的着装以及盲目的自信而为人所知。

[例 7-13]
原文：If winter comes, can spring be far behind?

（摘自 P. B. Shelley 的 *Ode to the West Wind*）

译文：冬天来了，春天还会远吗？

（王东风 译）

[例 7-14]
原文：There's nothing ground-breaking about this approach.
译文：这个方法并没有什么突破性意义。

例 7-12 省译代词 her 和冠词 the，例 7-13 省译连词 if，例 7-14 省译介词 about。省译的词在原文中具有语法意义或功能，不可省略，但在译文中即便省去也不影响原文意义的传达，而且还能使表达更加简洁。这就是所谓的"减词不减意"。

二、省略冗余词

冗余词是指多余的重复或啰唆的内容。平卡姆（2000）在《中式英语之鉴》中把成对出现的同义词称为 redundant twins，表现为两个词的词义没有差别或一词的意思已经包含了另一词的意思。

[例 7-15]
原文：我们应该改善和提升教学质量。
译文1：We should improve and elevate the quality of teaching.
译文2：We should improve the quality of teaching.

原文的"改善"和"提升"属于冗余表达，译文 2 对其中一个词省略不译，整体比译文 1 简炼。此外，也可以找另一个词取代这组并列词语，避免啰唆重复。

[例 7-16]
原文：Their work continues to impact business and individuals far and wide.
译文 1：他们的工作继续遥远而广阔地影响着企业和个人。
译文 2：他们的工作继续广泛地影响着企业和个人。

例 7-16 的译文存在两个问题，一是"遥远""广阔"和"影响"搭配不当，选词出现失误。另外就是如上文所说，far 和 wide 在原文中都是形容影响的范围之广，只是 far and wide 作为英语中的一个常用副词词组出现在这里。因此，在中文译文中，译出"广泛"即可，如译文 2。需要注意的是，并不是所有并列的词语都是冗余词；另外，有些时候重复是为了强调，此时则不应省译。无论是汉语还是英语，都有可能出现冗余词，在翻译时，译者应注意判断，并采取适当的翻译策略。

三、语义省译

忠实于原文并不是要翻译出原文的每个词，不是要在语言的表层结构上做到译文与原文的一一对应；真正忠实的译文应达到深层意义上的对应。有些时候虽然没有字字译出，但有些词的意思已经融入整个语义之中。在例 7-12 中，如果字对字地翻译 the blind faith she had in herself，应为"她对她自己的盲目自信"，但"自信"一词本身就包含了"对自己"的意味，再翻出来实属多余。省译既能使句子简洁，又完整地保留了原文的意思。

[例 7-17]
原文：He is a billionaire now. I can't believe he still lives in <u>the same</u> house that he bought in the 1950s!
译文：他现在是亿万富翁了。真不敢相信他居然还住在 50 年代买的那个房子里！

[例 7-18]
原文：This is our parents' bedroom, and that is the one I <u>shared with</u> my younger brother.
译文：这是我们父母的卧室，那间是我跟我弟弟的（卧室）。

上面两例中的原文画线部分都被省译，但该部分的意思在译文中并没有丢失。例 7-17 的一个"还"字已经充分体现出 the same，而例 7-18 的译文也包含了 share 之意，这样翻译比生硬译出原文每个词更符合汉语的表达习惯。

本节的例子都不是一字不落地翻译，但都取得了较好的翻译效果。因此，我们不应该简单地认为，翻译就必须每个词都译出来，而应该更关注意义的传达和语言的简洁通顺。

第七章 词汇层面的翻译技巧

练习强化：
请翻译下列句子，在有需要的地方使用省译法。
（1）我们眼前的道路崎岖不平。
（2）Gently rub your hands, noticing how your hands feel as you move them.
（3）I'm more than happy to meet you again!
（4）In our kindergarten, all of the teachers treasure the friendship they share with the kids.

第三节　词性转换

词性转换指原文中某一词语的词性在译文中转换为另一种词性的翻译技巧，如名词转译为动词等。在语言学习过程中，词性能帮助学习者理解句子结构以及词语在句中的功能。在翻译中，并非所有的句子都能够在一一对应词性的同时翻译出通顺的译文。如果过分追求词性对应，译者容易受到语言表层结构的束缚而产生不通顺的句子，因此，词性转换很多时候是必要的翻译手段。词性转换必然会导致译文句子结构发生变化，因此，使用词性转换的同时，也常常需要同时使用其他翻译技巧，如增译、省译等。

[例 7-19]
原文：Compare life to how it was 30 years ago—today we <u>eat differently</u>, we <u>communicate differently</u>, we <u>shop differently</u>, we <u>work differently</u>, we even <u>learn and study differently</u>.

（摘自 Chris Grifths 的 *The Creative Thinking Handbook*，有改动）

译文：跟 30 年前相比，我们<u>吃的东西不一样了</u>，<u>沟通方式不一样了</u>，<u>购物场所不一样了</u>，<u>工作类型不一样了</u>，甚至连<u>学习研究的方式</u>也不一样了。

（赵嘉玉 译）

在例 7-19 中，原文的并列动词结构全部转换成了名词结构，副词也相应地转换成了形容词。转换成名词结构时，为了符合译入语表达习惯，增译了部分词语，如 communicate 译为"沟通方式"，使译文忠实通顺的同时，也形成结构上的排比。

对于"换词"，许渊冲类比的数学公式是"2 + 2 = 1 + 3"，即"换词不换意"（1990：7）。

[例 7-20]

原文：Reasoning gets us thinking about how we think, rather than simply what we think.

（摘自 Chris Grifths 的 *The Creative Thinking Handbook*）

译文 1：推理使我们思索自己思考的<u>方式</u>，而不是<u>我们认为对的事情</u>。

译文 2：推理使我们思索自己思考的<u>方式</u>，而不仅仅是思考的<u>内容</u>。

（赵嘉玉 译）

例 7-20 的译文 1 虽然把连词 how、what 转换成了名词，但是句意与原文不符，属于"换词又换意"。而译文 2 的翻译更符合原文意思，而且达到了对称的效果。

词性转换的本质是灵活变通，这个翻译技巧几乎可以在所有词性之间进行（叶子南，2008：72）。下文主要选取翻译实践中实际使用频率较高的几种词性转换举例讨论，包括动词与名词之间的转换、形容词与副词之间的转换，以及介词的转换。

一、动词和名词之间的转换

无论是英语还是汉语，动词和名词都是句子中最重要的实词，承担句子的主要意义构成。很多动词由名词派生或转用而来，也有很多名词由动词派生或转用而来（张培基，2009：44）。因此，在翻译中，动词和名词的转换频率非常高。

1. 名词转动词

在英语中，有些名词本身就是动词添加诸如 -ment 或 -tion 等词缀得来的，这类名词在意义上具有动作的性质。通常来说，这种具有动作性的名词在翻译中可以转换成动词。

[例 7-21]

原文：Now I'll give you 15 minutes for idea <u>production</u>.

译文：现在，我给你们 15 分钟提出想法。

[例 7-22]

原文：On our first <u>meeting</u> with each other, Tom and I just exchanged a <u>glance</u>. We didn't know that we would become good friends later.

译文：我们第一次见面的时候，汤姆和我只是互相瞥了一眼，并不知道日后会和对方成为好朋友。

例 7-21 的 production 和例 7-22 的 meeting 分别由动词 produce 和 meet 派生而来；例 7-22 中的 glance 在句中虽然不是动词，但也带有比较明显的动作性质，因此，这三个名词都可以转换成动词。

2. 动词转名词

有时候，原文中的动词难以在译入语中找到相应的动词表达，译文中就改用相应的名词。在英语中也有名词派生出动词或活用为动词的情况（张培基，2009：48），所以，这样的动词自然而然地可以译成名词。

[例7-23]
原文：Chinese painting <u>features</u> the subtle use of ink.
译文：中国画的<u>特点</u>是用墨精妙。
[例7-24]
原文：Having come to this place for ten years, he <u>dresses</u> and <u>talks</u> like a local now.
译文：来这里已经10年了，现在他的<u>穿着</u>和<u>谈吐</u>都像个本地人。

例7-23 的 feature 在汉语中较难找到一个简单动词与之对应，通常解释为"以……为特征"，翻译时将其转为名词"特点"，能使译文简洁通顺。虽然例7-24 的 dresses（like a local）很容易就可以直接用动词对应，译为"穿得像个本地人"，但后面的 talks like a local 却不好处理，因此，翻译时把两个动词都转换为名词，既符合汉语表达习惯，又使译文简洁对称。

二、形容词和副词之间的转换

形容词和副词都是实词，有实际意义，对中心词有修饰的作用，因此功能上有一定的相似性。不同的是，形容词通常修饰名词，副词通常修饰动词、形容词或副词。因此，如果原文存在形容词或副词，而翻译时其他词性（一般是名词和动词）发生了转换，形容词和副词往往也要相应地进行转换。

[例7-25]
原文：Her performance impressed me <u>deeply</u>.
译文：她的表现给我留下了<u>深刻的</u>印象。
[例7-26]
原文：This is the art of paying <u>careful</u> attention to the details of the present moment.
译文：这就是<u>认真</u>注意当下细节的艺术。

在例7-25 的译文中，动词 impress 转换成了名词，副词 deeply 也就相应转换成了形容词。在例7-26 中，原文的名词 attention 转换成动词"注意"，因此译文中的形容词 careful 也相应转换成副词"认真（地）"。

三、介词的转换

从分类上看，介词是虚词的一种，而虚词是封闭类词语。所谓封闭类，是指该类词性的词语不是"开放的",是可以全部列举的,因而其总数往往不大(朱德熙,1982:40)。介词虽然数量不多,但在句子中表义灵活,即便是同一个介词,搭配不同的词语时其具体意义也有差异。如介词 by 后面跟交通工具可以表示"乘坐",后面跟人可以表示"由……做",后面跟动名词则可以表示"通过……方法"。

此外,绝大部分虚词是粘着的(朱德熙,1982:39),不能单独做句子成分,在句子中的结构位置并不灵活。如果所有介词都按照字面意思翻译,比如凡是 in 都译为"在……里",凡是 under 就译为"在……下",译文难免生硬累赘。因此,在翻译中,可以对介词进行灵活处理,转换成开放、自由的实词。其中较为常见的是介词转译成动词,因为这样可以把英语中只有一个谓语动词而其余均为介词形式的句子转成具有多个动词的汉语流水句,符合汉语表达习惯。

[例 7-27]

原文:On September 8, 1901, William W. Rockhill and his wife left Beijing to journey by boat to Shanghai.

(摘自 Gregory Moore 的 *Defining and Defending the Open Door Policy*)

译文:1901 年 9 月 8 日,柔克义与妻子乘船离开北京,前往上海。

(赵嘉玉 译)

[例 7-28]

原文:Finally, in frustration, Conger asked the State Department for a leave of absence.

(摘自 Gregory Moore 的 *Defining and Defending the Open Door Policy*)

译文:最后,陷入沮丧的康格向美国国务院申请休假。

(赵嘉玉 译)

以上两例均把句中介词转换成动词进行翻译。例 7-27 如果严格顺着原文结构翻译,译文难以整合成流畅的汉语句子;把介词 by、to 分别转译成动词,则可以按照汉语表达习惯一直顺下去。例 7-28 中的 in 和 for 虽为介词,但含有一定的动作意味,转成动词能使译文更加生动,符合语境。

除了转为动词,介词也可以转换成其他词性进行翻译。

[例 7-29]

原文:If you're at home or in the office and agonizing over a problem that seems intractable, go on a short excursion to help you tune out.

(摘自 Chris Griffiths 的 *The Creative Thinking Handbook*)

译文:如果你在家或在办公室里因为一个难题苦苦挣扎,不妨出去走走,暂时

第七章 词汇层面的翻译技巧

不管这个问题。

(赵嘉玉 译)

在例 7-29 中，介词 over 转译成了连词"因为"，取得了较好的效果。

本节讨论了词性转换的翻译技巧。需要再次强调的是，各种词性之间都可以进行转换，并不局限于本节重点举例介绍的几个转换方向。另外，本节大部分为英译汉的例子，实际上，在汉译英中道理亦是相通的。比如，英译汉多把介词转为动词，在汉译英中则可以考虑把动词转为介词，使译文组句更加紧凑。与其说翻译学习者要学习词性转换的技巧，不如说是提高对语言深层结构的认识，锻炼灵活处理的能力。

练习强化：

请翻译下列句子，在有需要的地方进行词性转换。

（1）His action was instrumental in the solution of the major question before the conference.

（2）In order to become more creative, you must develop the capacity to think differently.

（3）自 2007 年成立以来，我们的员工数量从 30 人快速增长到了 600 人。

（4）不用鱼饵钓鱼的时候，你既不会被人打扰，也不会被鱼打扰。

第四节 解包袱法

"解包袱"的概念最早由尤金·奈达（1998）提出，叶子南（2008）等多位学者也先后论述和解读过这个实用的翻译技巧。所谓"包袱"，实际上是指修饰语和被修饰语之间关系不明朗、连在一起表达令人费解的情况。很多时候，有修饰语的表达是没有"包袱"的，即修饰语和被修饰语之间的关系紧密。比如："She is a beautiful girl."句中的 beautiful 直接修饰 girl，也只能修饰 girl，语义明显，无歧义。但是，由于语言具有灵活性，有些时候修饰语虽然紧接着被修饰语，却不能以直接修饰被修饰语的方式去理解意思。比如"汽车公司"可直接理解成销售汽车的公司，但"妇儿公司"要理解成销售妇儿用品的公司。在英语短语中，"包袱"则更为常见，翻译时须准确"解开包袱"才能取得满意的效果。

[例 7-30]

原文：My boyfriend is a little <u>vertically challenged</u>, but he's the most loving man I've ever met.

（摘自 *Farlex Dictionary of Idioms* 例句）

译文：我的男朋友虽然身材有些矮小，但他是我见过的最有爱心的人。

（赵嘉玉 译）

[例 7-31]

原文：Decision-making processes in larger organizations can be <u>painfully slow</u>.

（摘自 Chris Griffths 的 *The Creative Thinking Handbook*）

译文：在大型组织做决策是一个漫长得让人叫苦的过程。

（赵嘉玉 译）

例 7-30 中的画线短语如果直译成"垂直方向有缺陷"，译文便会晦涩难懂。结合词典解释以及上下文，可知此处是"人的身高较矮"的委婉表达。再看例 7-31 的画线部分，快慢本身是不会痛苦的，人才会感到痛苦，结合语境理解，感到痛苦的应该是做决策的人。因此，根据句子实际意义，上述两个成分可以分别译为"身材有些矮小"和"漫长得让人叫苦"。

上述翻译过程可用下图示意：

可见，解包袱法实际上是脱离原文结构的束缚，结合语境正确理解原文"包袱"的意义之后再进行翻译的技巧。包袱解开以后，译文便可以通顺流畅，容易理解。

一、解包袱法的应用

在翻译实践中，解包袱法使用的对象一般是包含修饰成分的短语，具体包括名词+名词、形容词+名词、副词+动词、副词+形容词等四种组合方式。下文将结合更多的例子分析该技巧的应用。根据"包袱"特点，笔者将短语类型总结为两大类：①名词短语；②副词作为修饰语的短语。

1. 名词短语

名词和形容词都可以作为修饰语，修饰另一个名词，组成名词短语。如果修饰词和中心名词之间的关系比较复杂，就需要解开包袱，弄清楚原句的含义。

[例 7-32]

Some argued that Barack Obama should be our "first <u>gay President</u>" due to his liberal policies pushing the homosexual agenda.

（摘自 *The New Yorker* 杂志，有改动）

根据事实可知，奥巴马并不是一名同性恋者，此处画线部分如果译为"同性恋总统"显然是不正确的。叶子南在解读解包袱法时以外媒描写美国总统克林顿的"Clinton is the first women president."一句举例，并将名词词组 women president 放在语境中理解为"首位注重妇女权益的总统"（2008：64）。同样地，此处的例 7-32 也需要通过理解原句解开"包袱"。由下文的 his liberal policies pushing the homosexual agenda 可知，这里的 gay 不是说 president 是个同性恋，而是说奥巴马是首位积极推进同性恋相关政策的总统。

[例 7-33]
原文：There are disabled toilets in our shopping center.
译文：本购物中心设有残疾人士专用洗手间。

[例 7-34]
原文：It is wrong to seek poverty tourism as a form of entertainment or to occupy your time, but if you experience the poverty firsthand and return to your life committed to making a difference then you are making a real impact.
译文：把参观贫困地区当作一种娱乐或消磨时间的方式是不对的。但如果你在这趟旅程中亲身感受到了贫困的状态，回去之后立志为改善贫困地区的人民生活出一份力，那就是在做真正的贡献。

例 7-33 中的 disabled toilet 不是说 the toilets are disabled，而是说 the toilets are for the disabled。因此，可以按照汉语习惯译为"残疾人士专用洗手间"。例 7-34 中的 poverty tourism 是指 tourism in poverty-stricken areas，不是说 tourism 是"贫穷的"。因此，根据其内在含义，可以译成"参观贫困地区"。可见，要解开名词短语的包袱，就要根据语境搞清楚修饰词的真正含义，以符合译入语习惯的方式清楚表达句意。

2. 副词作为修饰语的短语

副词作为修饰语的短语在英语中也十分常见，出现包袱时，直译也有可能会令人费解。

[例 7-35]
This psychological practice may be culturally challenging or inappropriate.

（赵嘉玉 译）

例 7-35 的画线部分分别可直译为"文化上具有挑战性"和"文化上不合适"。后者或许还能理解，但在汉语中很少有前者这样的表达，读者很容易产生困惑。这时，译者就需要解开包袱，说清楚在某个文化中 challenging 到底是什么意思。因此，根据词典解释（enter into competition with or opposition against），结合整句话的语境，译文可以处理成"这个心理练习有可能<u>产生某些文化冲突</u>或<u>不符合某地文化</u>"。

[例7-36]

原文：In a recent survey on the most fashionable accessory in the men's wardrobe, scarves are <u>favorably chosen</u> over other items.

译文：在最近的一项调查中，人们认为围巾是最时尚的男士服装配饰。

例7-36的副词 favorably 取"喜爱，偏爱"之意，在句中修饰动词 choose，但结合句子意思，人们喜欢的显然不是"选择"这个动作，也不是"调查"或句中的其他成分，而是表示接受调查的人们的偏好。理解到位后，便可重组句子进行翻译。然而尝试后发现，如果要在译文中同时表达出"选择"和"喜爱"（如"人们选择的最喜爱的配饰是围巾"），虽然意思没错，在译入语中却显得啰唆。因此，这种情况下更好的做法是弃原文之"形"而取原文之"意"，译文中虽然不见"选择"和"喜爱"，但整句话已经清楚表达出这两个词的意思，是恰当的译文。

综上可见，汉语中的副词和被修饰词的意义关系往往比较直接，但英语中副词可能在语法上修饰某个动词或形容词，意义上却需要糅合到整个句子当中进行理解。因此，解包袱法强调的是，译者需要着眼整体意义，把副词代表的意思放到句中恰当的地方表示出来。

二、解与不解的判断标准

解包袱法的单位是短语，但并不代表一看见英语短语译者就要解开。解与不解，最终还是要看短语是否带有"包袱"，即"不解"是否会导致句意不清。如果直译已经达意，自然是无需"解开"。

[例7-37]

原文：When there's a problem, they opt to add new process steps instead of finding a <u>quality solution</u> to put things right.

译文：每当问题出现时，他们宁愿增加各种流程，也不会去寻找<u>优质方案</u>把事情做对。

[例7-38]

原文：I am working in the <u>quality management department</u> of our company.

译文：我在公司的<u>质量管理部门</u>工作。

这两个句子都包含以 quality 作为修饰成分的短语。在例 7 – 37 中，句中的 quality 虽直译修饰 solution，但若直译为"质量"，则既不符合译入语语法，也没有说清楚意思，属于存在"包袱"的情况。这里的 quality 包含了 good quality 之意，因此，在翻译时需要把"优质"的意思显化出来，才算把意思表达清楚。而例 7 – 38 中的 quality 本身就是"质量"之意，直译即可。

上面说明了翻译时遇到短语解与不解的第一个判断标准，这里将其总结为"是否费解"。至于第二个判断标准，笔者简称为"是否繁琐"。从上面多个例子可以看出，解开包袱的实质是把短语在句中隐含的意思显化出来，而显化通常通过加词来实现。有些短语虽然带有包袱，但是如要解开则要添加较多词句，让本来只占两三个词的短语变成了大半个句子，反而显得繁琐。这时译者就要停下来想一想是否要解。如果要解，怎样才能做到简洁？如果不解，读者是否也能明白？事实上，随着人们对不同文化和语言的接受程度越来越高，有些包袱不解也不会引起读者的理解问题。

[例 7 – 39]
原文：The prime minister won a confidence vote with a majority of 83.
译文 1：议员们就是否对首相表示信任进行了投票，在投票中她以 83 票的优势赢得信任。
译文 2：首相以 83 票的优势赢得信任投票。

[例 7 – 40]
原文：Hong Kong is a concrete forest.
译文 1：在香港，钢筋水泥土建成的楼房多得像森林一样。
译文 2：香港是一座钢筋森林。

上面两例中分别给出了译文 1（解包袱）和译文 2（不解包袱），两个版本的译文都能让读者理解，相比之下，不解的译文更简洁。这种情况下，不解也是可以的。

综上所述，在翻译中遇到短语，解与不解取决于两个判断标准——"是否费解"和"是否繁琐"。也就是说，如果不解让人费解，则要解开；如果解开后译文过于繁琐，而不解也能让读者理解，则无需解开。

本节讨论了短语层面的翻译技巧——解包袱法，该技巧强调译者对于原文的正确理解，在理解的基础上结合增译等其他翻译技巧，解开短语中暗含的语义，使译文在简洁和达意之间取得平衡。

练习强化：

请将下列句子和段落翻译成中文，分析句中是否存在需要解开的"包袱"，如有，应如何理解并解开。

（1）After graduating from a law school, he became a criminal lawyer.

（2）With the exception of one train trip back to Shanghai, I had never been out of Guangdong Province, and this translated, for me, into some personal inadequacy.

（3）He was severely punished because his company criminally manufactured products that polluted the environment.

（4）Be on the lookout for victories and constantly celebrate them along the way. By ritually fueling the growth of your team, you'll be hardwiring yourself to be a more optimistic and innovative leader.

第五节　正译和反译

无论是英语还是汉语，同一个意思既可以从正面表达，也可以从反面表达。比如，当别人问你是否单身，你既可以正面回答"我单身"，也可以从反面回答"我还没有对象"。在翻译时，译文与原文角度一样的就是正译，译文与原文角度相反的则是反译。作为一个翻译技巧，反译也称作反面着笔法（叶子南，2008）、正反表达法（张培基，2009）等。

[例7-41]

原文：Staff only.

正译：（本处）员工专用。

反译：（本处）严禁非工作人员入内。

上面是同一个句子正译和反译的例子，两个版本的译文意思都与原文相符，但是强调的点稍有不同。正译仅表达此处只有员工可以使用，反译则强调员工以外的其他人不能轻易入内，由于使用了"严禁"等词语，拒绝的意味更浓。译者可以根据希望达到的翻译文体效果在两个译文当中选择。

对于例7-41，无论正着译还是反着译都是可以的，反译是一种行文选择，体现了语言表达的丰富性。还有一些时候，或是因为表达不出原文意义，或是因为不符合译入语的表达习惯而产生翻译腔，正译可能会行不通，这时候，译者只能选择反译。这种情况下，反译不再是选择，而是必要的变通。

[例7-42]

原文：It's easy to follow in their footsteps if you fail to see the opportunities around you.

正译：如果你在看到身边机会的时候失败了，你很可能也会步他们的后尘。
反译：如果看不到身边的机会，你很可能也会步他们的后尘。

例7-42的原文使用了肯定形式的动词fail，正译为"失败"。但是从上面的译文可以看出，如果非要用"失败"一词正着译，只能处理成"看到……的时候失败了"的结构，译文十分生硬，甚至可以说没有人会用汉语这样说话。其实，fail虽然形式上肯定，但语义上却包含明显的否定意味。只要稍微想一想，"看到……的时候失败"不就是"看不到"吗？因此，此例只有反译，才是符合汉语表达习惯的译文。

在实际翻译中，反译具体可分为以下两种情况：正反之间的转换和视角的转换。

一、正反之间的转换

从句子层面上看，肯定句可以译为否定句，否定句可以译为肯定句。从词语的层面上看，反译实际上是通过反义词进行转换的方法，转换为反义词的过程中，原本肯定的表达自然而然要变为否定，原本否定的表达则要变为肯定。

[例7-43]
原文：Don't touch me!
译文：离我远点儿！
[例7-44]
原文：Remember, business is a marathon in a series of sprints, not a single sprint.
译文：别忘了，商业是一场由一系列短跑组成的马拉松，而不是一次性的冲刺。
[例7-45]
原文：Our professor will be 70 years old next year, but he is forever young at heart.
译文：我们的教授明年就70岁了，但他的心态永远不老。

上述例子中，前两句为祈使句，例7-43由否定句译作肯定句，例7-44由肯定句译作否定句。例7-45通过反义词的转换，把"young"译作"不老"。上述各句无论是正译还是反译都行得通，但语气上稍有不同，为译者提供了不同的选择。

二、视角的转换

除了正反之间的转换，同一句话从不同视角叙述也是转换的一种，虽然这不算严格意义上的反译，但本质上都是角度的转换。

[例 7 - 46]

原文：He has such a keen vision that he can seize any business opportunity.

译文：他眼光敏锐，没有哪个商机能逃出他的手掌心。

[例 7 - 47]

原文：McKinley's passing had elevated Rockhill's friend, Theodore Roosevelt, to the presidency.

（摘自 Gregory Moore 的 *Defining and Defending the Open Door Policy*）

译文：麦金莱去世后，柔克义的朋友——西奥多·罗斯福继任美国总统。

（赵嘉玉 译）

在例 7 - 46 中，原文从施事（he）的角度叙述，译文则从受事（business opportunity）的角度叙述。相比之下，正译为"抓住每一个商机"更强调动作，反译为"没有哪个商机能逃出他的手掌心"更强调结果。另外，转换角度后以否定词"没有"开头，更加突出了"一个机会也跑不掉"的意味，与前文的"眼光敏锐"有所呼应。因此，此处的反译是译者在行文上的选择。在例 7 - 47 中，原文以 McKinley's passing 这一事件作为主语，通过动词 elevate 引出罗斯福的职位上升，但在汉语中却很少会有用某人去世的事实"提拔"一人并令其职位上升这样的表达。当正译不可行的时候，译者转换了视角，从罗斯福的角度叙述整个过程，译文流畅自然，符合汉语对此类事件的描述习惯。

综上所述，同一句话，翻译的时候选词不同，视角不同，译文的表达也有所不同。本节讨论的正译与反译，以及其他视角的转换，为译者的翻译活动提供了多种行文选择。需要注意的是，不同的表述角度在一定程度上会使译文强调的部分有所不同，给读者带来的感受也会不一样。译者应根据原文的语境和意义，灵活地选择合适的角度进行翻译。

练习强化：

讨论下列句子可以从哪些角度翻译，并给出相应版本的译文。如果可行的角度超过一种，讨论不同译文的表达效果有什么不同。

（1）Congress voted the bill down.

（2）Have patience and stick with it because it won't happen overnight.

（3）These are the dishes kids can cook without any help from others.

（4）游客可以选择乘坐飞机、高铁或火车到达广州。

本章参考文献和推荐阅读：

[1] 奈达. 懂英语 [M]. 胡壮麟，黄倩译. 北京：外语教学与研究出版社，1998.

[2] 连淑能. 英汉对比研究 [M]. 北京：高等教育出版社，1993.

[3] (美)平卡姆. 中式英语之鉴[M]. 北京：外语教学与研究出版社，2000.
[4] 钱歌川. 翻译的技巧[M]. 北京：中国对外翻译出版公司，1980.
[5] 邵志洪. 翻译理论实践与评析[M]. 上海：华东理工大学出版社，2003.
[6] 熊兵. 翻译研究中的概念混淆——以"翻译策略""翻译方法"和"翻译技巧"为例[J]. 中国翻译，2014 (3)：82 – 88.
[7] 许渊冲. 文学翻译：1 + 1 = 3 [J]. 外国语，1990 (1)：6 – 10.
[8] 叶子南. 高级英汉翻译理论与实践(第二版)[M]. 北京：清华大学出版社，2008.
[9] 张培基. 英汉翻译教程(修订本)[M]. 上海：上海外语教育出版社，2009.
[10] 朱德熙. 语法讲义[M]. 北京：商务印书馆，1982.

第八章　句子层面的翻译技巧

第七章探讨了词语和短语层面的翻译技巧，本章将继续讨论句子的处理以及翻译方法。由于英汉语言的句式特点和习惯各有不同，翻译句子尤其是长句的时候，常常要对句子的结构进行调整。叶子南（2008）在《高级英汉翻译理论与实践》中把句子结构调整的方法并称为分合移位法，其他学者如孙致礼（2003）、张培基（2009）等也有类似的分类探讨。综合不同学者对句子翻译的研究，本章将分析三种句子结构调整的方法，即句子的拆分、句子的合并和语序的调整。

第一节　句子的拆分

句子拆分也称为切分法或分句法，指的是把原文的一个单句翻译成两个或两个以上的分句或独立的句子。许渊冲用数学公式把分译比喻为"4＝2＋2"，意为虽然译文在句式上进行了拆分，但意思与原文一致（1990：7）。

[例 8 -1]
原文：The warmer weather melted the ice sculptures in the square.
译文 1：变暖的天气使广场上的冰雕融化了。
译文 2：天气变暖了，广场上的冰雕融化了。

例 8 -1 展示了同一个句子的两种译法。译文 1 保留了只有一个谓语的单句结构，而译文 2 使用了拆分法，把句子翻译成两个分句，符合汉语流水句的表达特点。

对于例 8 -1 这样较短的简单句，拆与不拆的区别也许并不是很明显，但如果原文的句子比较长，拆分则可以有效地使译文句式变得灵活。

[例 8 -2]
原文：直到昨天我们公司的年终董事会才确定了一系列新的方针和战略。
译文：It was not until yesterday, when our company's year-end board meeting was held, that a series of new principles and strategies were determined.

此外，在翻译"一环套一环"的英语复杂句时，拆分法显得更为必要。

[例 8 – 3]
原文：The aim of this course is to let students recognize how much easier it is to self-appreciate when we acknowledge the people and things in our lives that created and helped to support our good qualities.

译文：生活中有很多人和事会帮助我们产生或发挥自己的优秀品质。本课程希望让学生认识到，当我们承认了这些人和事对我们的积极影响时，欣赏自我会变得简单很多。

例 8 – 2 的译文把年终董事会的举办时间拆成了以 when 连接的分句；例 8 – 3 的原文是包含 3 个从句结构的多重复合句，充分体现了英语重形合的特点，译文把它拆分成 2 个单独的句子，同时进行了语序的调整。

由于英汉句子结构的特点差异，英语重形合，汉语重意合，故在实际翻译实践中，译者经常拆分英语句子，将其翻译为多个汉语短句或流水句。本节讨论以英译汉为主，内容包括简单句的拆分和复合句的拆分。

一、简单句的拆分

在翻译实践中，常用的简单句拆分法一般有两种。第一种称为"包袱句"，即句中含有"包袱"的简单句。这里的"包袱"沿用了解包袱法中的概念，指原文中修饰关系不直接或表意比较模糊的短语（详见第七章第四节"解包袱法"）。在翻译"包袱句"的时候，译者需要把"包袱"所隐含的语义解释清楚，以方便读者理解；若沿用原文结构难以把意思解释清楚，则可以通过拆分结构来保证意义的传达。

[例 8 – 4]
原文：Many kids are understandably terrified by the idea of having an injection.
译文：很多孩子都害怕打针，这是可以理解的。

[例 8 – 5]
原文：Despite the increasing public awareness of children's well-being, child sexual exploitation is still being sadly underreported.
译文：尽管公众越来越关注儿童的健康，但可悲的是，儿童性剥削的情况仍然被少报。

例 8 – 4 和例 8 – 5 都是"包袱句"，分别含有包袱 understandably terrified 和 sadly underreported。译文将包袱进行了拆分，以更符合中文表达习惯的方式表达出了原文的句意。

至于第二种常用到拆分法的简单句,虽然不含"包袱",但按照原文结构翻译会使句子冗长或生硬。此时可以把原来的简单句拆分,避免句子因受到原文结构束缚而产生"翻译腔"或"欧化中文"(详见第二章第二节)。

[例 8-6]

原文:An ever-growing world population and expanding globalization have led to a record-high demand for imported fresh food.

译文:随着世界人口不断增加,全球化不断发展,人们对进口新鲜食品的需求达到了创纪录的新高。

[例 8-7]

原文:Yesterday, the former world's oldest woman died at home at 119.

(摘自 China Daily 2016 年 9 月 5 日新闻)

译文:昨日,世界最长寿女性在家中去世,享年 119 岁。

(赵嘉玉 译)

例 8-6 照原文结构应译为"不断增加的世界人口和不断发展的全球化导致进口新鲜食品的需求达到了纪录新高",句子冗长;例 8-7 如果按照原文结构翻译,则为"昨日,世界最长寿女性在 119 岁的时候在家中逝世",不符合此类新闻报道的汉语表达习惯。两句都不如上面拆分了的译句自然、流畅。

二、复合句的拆分

比起简单句,英语复合句的句子更长、成分更复杂,因此,拆分是翻译时的必要做法,以保证译句符合汉语流水句的表达习惯。

1. 分词结构

分词短语在句中作状语时,通常会把该短语单独译成一个分句,分句的主语要跟修饰部分的逻辑主语保持一致,谓语为该分词表示的动作。这样,原文的一个分句就译成了两个或两个以上的分句。

[例 8-8]

原文:Information is a huge source of inspiration for business people looking for new ideas, fresh approaches and support for decision making.

(摘自 Chris Griffiths 的 The Creative Thinking Handbook)

译文:商业人士在寻找新想法、新方案和支撑决策的新思路时,信息是其灵感的巨大来源。

(赵嘉玉 译)

[例 8-9]

原文：<u>Anchored</u> in the rules and bureaucracies, lots of established companies just never have enough time in the day to be creative.

（摘自 Chris Griffiths 的 *The Creative Thinking Handbook*）

译文：很多老牌企业墨守成规，官僚作风严重，这让它们永远没有充足的时间去发挥创造力。

（赵嘉玉 译）

例 8-8 的分词结构 looking 和例 8-9 的分词结构 anchored 在句中分别可表示时间和原因，译文把分词短语译成分句，清楚表达了原文的意义和逻辑。

三、从句的拆分

在现代英语语法中，从句是指复合句中不能独立成句并由引导词所引导的非主句部分。一方面，从句在英语中的使用灵活且广泛，句中的多个部分都可以用从句修饰，而且从句中的成分亦可以用从句修饰（即通俗所说的"从句套从句"），所以包含从句的英语句子通常比较长；另一方面，从句具有主语部分和谓语部分，在翻译中满足独立成句的条件。因此可以说，拆分法是翻译包含从句的句子尤其是长句子的必备方法。

[例 8-10]

原文：Prepare yourself for any losses by making contingency plans. Often this helps you realize <u>that</u> the anticipated failure is ultimately "not that bad" and can be managed.

（摘自 Chris Griffiths 的 *The Creative Thinking Handbook*）

译文：制定应急计划，为任何损失做好准备。通常情况下，这让你发现，预期的失败到最后"也没那么糟糕"，处于可控范围之内。

（赵嘉玉 译）

[例 8-11]

原文：France, Germany, and Russia appeared determined to impose a substantial indemnity <u>that</u> would certainly threaten China's independence.

（摘自 Gregory Moore 的 *Defining and Defending the Open Door Policy*）

译文：法国、德国和俄国对巨额赔款态度坚决，提出的金额之高绝对会危及中国的独立。

（赵嘉玉 译）

[例 8-12]

原文：Any customer can have a car painted any color that he wants <u>as long as</u> it is black.

（引自 Henry Ford 的名言）

译文： 只要汽车是黑色的，所有顾客都可以把它刷成自己想要的任何颜色。

（赵嘉玉 译）

上述各例使用拆分法分别翻译了包含名词性从句、定语从句和状语从句的句子。有些翻译参考书会按照从句的不同类别进行更具体的讨论。总的来说，拆分是处理复合长句的有效方法——既便于理解，又能在翻译时灵活处理句式。

练习强化：

使用拆分法将下列句子翻译成中文。

（1）The president's acceptance of responsibility has arrived woefully late.

（2）The (one nation) one representative rule of the conference prevented him from attending and translating for the minister.

（3）She had lived nearly twenty-one years in the world with very little to distress or vex her.

（摘自 Jane Austen 的 *Emma*）

（4）This theory course is supposed to be the class where you sit at the back of the room with every other jaded student wearing skinny jeans and thick-framed glasses, just waiting for lecture to be over so you can walk to lunch.

（5）Remember Blockbuster, Compaq, Blackberry and HMV? These are companies that once dazzled with promise but have long since gone to rust.

（摘自 Chris Griffiths 的 *The Creative Thinking Handbook*）

第二节　句子的合并

句子合并也称为合句法，狭义上说，合并是指把原文中的两个句子翻译为一个句子。从广义的角度看，把原文中的两个或多个小句、分句翻译为一个小句（分句）或者数量较少的小句（分句）的处理方法，也可以称为合并。按照许渊冲的数学公式比喻，如果拆分是"$4=2+2$"，那么合并应该是"$2+2=4$"，意思是说，虽然译文在句式上进行了合并，但意义与原文相符（1990：7）。

[例 8-13]

原文： One can resist the invasion of armies; one cannot resist the invasion of ideas.

（引自 Victor Hugo 的名言）

译文 1： 一个人可以抵挡军队的入侵；一个人抵挡不了思想的侵袭。

译文2：人可以抵挡军队的入侵，却抵挡不了思想的侵袭。

（赵嘉玉 译）

例8-13中的原文包含两个独立的句子，两句的主语相同。译文1按照原文的结构翻译成了两个句子，但是稍显啰唆。译文2则进行了合并，使句子更加简洁，同时增加一个"却"字使原文暗含的逻辑关系更加清楚地表现出来。

在汉译英中，合并法也十分常用。

[例8-14]

原文：回顾过去一年，成绩来之不易。

译文：Looking back at the past year, we can see that our achievements did not come easily.

（中英文摘自2019年《政府工作报告》）

例8-14中的原文是两个结构上互相独立的分句，前半句主语为省略的"我们"，后半句的主语为"成绩"。但是，在意义上，两个分句之间紧密关联。译文根据句意，利用分词结构把它们合并成了一句。

根据合并法在翻译中的实际应用，本节的讨论分为以下两点：简单句的合并和复合句的合并。

一、简单句的合并

合并法常常用于两个或两个以上的简单句的整合。通常来说，如果两个或多个连续的简单句拥有同一个主语，则可以考虑合并。

[例8-15]

原文：①Roman Abramovich possesses a string of luxury properties. ②He also has an extensive art collection. ③The net worth of him is currently 10.8 billion.

（摘自Chris Griffiths的 *The Creative Thinking Handbook*，有改动）

译文：罗曼·阿布拉莫维奇拥有多套豪宅和大量的艺术收藏，目前（其）身价为108亿美元。

（赵嘉玉 译）

例8-15的原文由三个简单句组成，前两句主语为同一个人，合并后译文显得简洁。值得注意的是，原文第三句的主语（the net worth）虽与前两句不同，但从意义上看仍然是对罗曼·阿布拉莫维奇的描述，因此也可以合并到同一句中。如果担心上面译文中的"身价"看起来有歧义，可以稍微调整语序，译为"罗曼·阿布拉莫维奇目前身价108亿美元，拥有多套豪宅和大量的艺术收藏"。

通过上面句③的例子，我们不难看出，即使没有严格意义上的相同主语，如果两个简单句的前后逻辑关系比较明显，也可以进行合并。这种情况下的合并，可以根据实际情况考虑增加逻辑连接词。

[例8-16]
原文：For more than 25 years, she has lived in Edgartown. It is a beautiful coastal town.
译文：她在美丽的海滨小镇埃德加敦生活了25年。

[例8-17]
原文：昨天下大雨了。我没有去见他。
译文：I didn't go to see him because of the heavy rain.

在例8-16中，前一句的最后一个词恰好是后一句的主语，衔接紧密，翻译时可以合并成一句。在例8-17中，前一句省略了主语"天气"，虽然与后一句主语不同，但却是后一句的原因，因此可以合并成一句翻译，增加了连接词because of。

二、复合句的合并

在英译汉时，可以根据实际情况把主从复合句或并列复合句合并成一个单句（张培基，2009：113）；在汉译英时，汉语的流水句经常被合并成英语的复合句。

1. 英语复合句的合并

原文包含主从复合句（复杂句）或并列复合句（并列句），翻译时可合并成一个单句。

[例8-18]
原文：When people look at this building, what would you like them to think of?
译文：你希望人们看到这座楼时会想起什么？

[例8-19]
原文：If you feel bad, just hug me.
译文：难过你就抱抱我。

[例8-20]
原文：Many companies seek to understand the specific characteristics of the market through exhaustive research, and then react to those characteristics.
译文：很多公司试图通过详尽的研究理解市场特性并据此做出反应。

例8-18和例8-19分别包含when和if引导的从句，例8-20是以and连接的并列句,以上三句在翻译时都合并成了一句。特别值得注意的是,例8-19的译文虽不见"如果"二字,但其内在联系已经在译文中体现,这符合汉语逻辑隐含的特点。把这类主从复合句合并为一句,译文就更加简洁。

2. 汉语流水句合并成复合句

流水句是汉语的典型句式之一,其特点是"一个小句接一个小句,很多地方可断可连"(吕叔湘,1979:27),结构松散但存在内在的语义关联。所以,汉语流水句中经常包含多个谓语动词。相比之下,一个英语句子只允许存在一个谓语动词。因此,在汉译英时,如果一看见动词就让它作为谓语单独成句,译文便会是多个零散的单句,就缺乏内在的"凝聚力"。

[例8-21]

原文:①华安上小学第一天,②我和他手牵着手,③穿过好几条街,④到维多利亚小学。

(摘自龙应台的《目送》)

译文1:It was Andreas' first day of primary school. I held his hands. We crossed several streets. We arrived at the Victoria Primary School.

译文2:On Andreas' first day of primary school, I <u>walked</u> to the Victoria Primary School with him, hand in hand, street after street.

(赵嘉玉 译)

例8-21展示了同一个汉语流水句的两种译文。原文包含四个小句,译文1把每个小句都译成简单句,看似意义对应,但却丢失了原文的连贯性。译文2以walk作为核心谓语动词,其余动作转化为状语译出,把所有小句合并成了一个句子,连贯性更好。

对于这类汉语流水句,译者可以把全部或部分小句合并成英语复合句,利用衔接手段确保译文的连贯性。具体的做法可以总结为:分析几个动词或分句在意义上的关系,选定核心动词作为主句的谓语部分,再根据句意逻辑把其他动词转化成非谓语或从句形式,并放入句中恰当的位置。

[例8-22]

原文:①在阿曼多所涉足的诸多艺术领域中,②绘画虽然并不是他最早开始接触的艺术形式,③但可以说是他投入精力最多、贯注情感最深、成就最为突出、影响亦最为深远的一种,④承载着他对历史与艺术的探索和思考,⑤与他的诗歌、雕塑、纪录片等创作紧密结合,⑥有机统一,⑦构成了其独具特色的艺术体系。

(摘自任文岭的《阿曼多的绘画创作及其艺术渊源》)

译文:①Among the many art fields that Armando has involved, though painting is

137

not the art form that he first started to contact, he has devoted the most and the deepest to and achieved profoundly in it. ②His paintings, which represent his explorations in and reflections on history and art, are closely integrated with his creations in poetry, sculpture, and documentary, forming a unique art system.

（赵嘉玉 译）

例 8-22 是非常典型的汉语流水句，包含七个小句。译文将其合并成了两句，第一句以 devoted 和 achieved 作为谓语，其余内容用 among 开头的介词短语和 though 引导的让步状语从句衔接。第二句以 are integrated 作为谓语，其余部分用 which 引导的定语从句和 forming 分词结构衔接。前后两句紧密围绕 painting 这个主题，保持了语义上的连贯。

练习强化：
使用合并法翻译下列句子。
（1） She is particularly busy every Monday. She has to reply weekend's emails and attend several meetings.
（2） If you keep innovating, you dramatically increase your chances of winning.
（3） 去年，我国国内生产总值增长 6.6%，总量突破 90 万亿元。
（4） 广州位于中国大陆南方，珠江三角洲的北缘，濒临南海，毗邻港澳。

第三节　语序的调整

语序即语言成分的排列次序。翻译中的语序调整，指的是在原文中处于某一位置的语言成分，在译文中被调整到了另一个位置。

[例 8-23]
原文：She is wrong //in taking her boyfriend's love for granted. //
译文：她把她男朋友的爱视作理所当然，这是不对的。

把例 8-23 的原文做一下意群拆分，可分为 She is wrong 和 in taking her boyfriend's love for granted 两部分，为了符合汉语表达习惯，译文的这两部分顺序刚好相反，这便是翻译中的语序调整。

许渊冲以"2+1=1+2"的公式表示翻译中的"移词"（1990：7）。实际翻译中的语序调整比该公式表现出来的要更加复杂，不仅包括前后两个语词的顺序调转,还包括多个语言成分在句中的移位,乃至语段中句子之间的顺序调整。

[例 8-24]

原文：Her sister, //though comparatively but little removed//by matrimony, //being settled//in London, //only sixteen miles off, //was much beyond her daily reach. //

(摘自 Jane Austen 的 *Emma*)

译文：她的姐姐嫁到了 16 英里以外的伦敦,看起来距离并不远,可是,如果想天天待在一起也是很难做到的。

(张宇 译)

例 8-24 的语言成分比例 8-23 更复杂。如果按照原文语序翻译,难以把句中描写的情况说清楚。于是,译文把句中位置比较分散的修饰成分进行合并,并按照汉语表达习惯对整体顺序做了较大幅度的调整。实际处理句子的时候,合并、拆分和语序调整往往会结合使用,目的是使译文结构合理、表义清晰。

语序调整本质上是灵活调整翻译单位。在翻译时,除了通常要遵循译入语的语序习惯以外,怎么调、调不调,译者可以根据实际需要自行选择。根据调整单位的大小,本节将分别讨论句子内的语序调整和句子之间的语序调整。

一、句子内部的调整

汉语和英语都有着"主语+谓语+宾语"的基本语序(李长栓,1997:16),但两种语言分属两个不同的语系,自然也存在着比较显著的语序差异。关于汉英语序差异的研究有很多,本节沿用李长栓(1997)归纳的三个方面(即定语、状语和宾语位置的差异)进行讨论,因为在实际翻译中,对句子内的定语、状语、宾语的顺序调整应用十分广泛。

1. 定语位置的调整

汉语使用前置定语,无论定语是长还是短,都放在被修饰成分的前面;而英语既有前置定语,也有后置定语,通常来说,较短的定语(如形容词)放在被修饰成分前面,较长的定语(如定语从句)放在被修饰成分后面。因此,汉译英时,如果汉语的定语过长,可以在英语中后置。

[例 8-25]

原文：我把他情人节时送给我的那个漂亮杯子放在办公室里。

译文：I put the beautiful cup that he gave me on Valentine's Day in my office.

例 8-25 中画线部分的定语较长,在英语中无法以前置定语译出,因此译文把定语分为两部分,把比较短且与被修饰词关系最密切的形容词 beautiful 前置,其余部分后置,以符合英语表达习惯。

在英译汉时,英语中的定语在汉语译文中通常会放到被修饰成分之前。

[例 8-26]
原文:The discussion room <u>exclusive to senior students</u> is on the top floor of the library.
译文:<u>专供高年级学生使用的</u>讨论室位于图书馆顶层。

但是,如果英语原文的后置定语很长,译为汉语的前置定语也必然会很长,这时,如果被修饰成分只有一两个词,定语和被修饰成分之间就会比例失调,句子有"头重脚轻"之感。

[例 8-27]
原文:We want to find an approach <u>that works exceptionally well for dealing with awkward customers and can be used time and time again with great success</u>.
译文:我们想找到一个<u>应付难搞的顾客十分有效的并且反复使用都能取得成功的</u>方法。

在该译文中,由于原文的定语被统一放置到被修饰词"方法"之前,导致谓语和宾语之间隔了一个长长的定语,句子变得繁琐,增加了读者的理解困难。面对英语后置定语很长的情况,译者大可不必拘泥于前置所有成分,而应该在正确理解句意的基础上重组句子,甚至另起一句。比如上述例 8-27,可以改译为"我们想找到一个绝妙的方法应对难搞的顾客,并且每次都能使用同样的方法成功搞定这类顾客"。

2. 状语位置的调整

汉语的状语处于句子主干部分之前。当时间和地点同时出现时,通常顺序为"时间→地点"。相比之下,英语的状语位置十分灵活,几乎可以存在于句中的任何位置。当时间和地点同时出现于句末时,通常顺序为"地点→时间"。在翻译时,译者可根据两种语言状语位置的特点,调整译文语序。

[例 8-28]
原文:我<u>在山坡上的小屋里</u>,<u>悄悄</u>掀起窗帘,窥见<u>园中</u>大千世界,一片喧闹。

(摘自白先勇的《蓦然回首》)

译文1:<u>In the small house on the slope</u>, I <u>quietly</u> lifted the curtain, only to be met by a great and prosperous world <u>in the garden</u>.

(2003 年专业英语八级考试参考答案)

第八章　句子层面的翻译技巧

译文2：Without being noticed, I lifted the curtain in my small room, only to spy the bustle of a kaleidoscopic world down in the garden.

（2003年专业英语八级考试参考答案）

[例8-29]

原文：It was precisely in that important role that Rockhill had been serving for the past year in China. He had been assigned to Beijing as commissioner for the United States as the Boxer Rebellion was beginning to die down in 1900.

（摘自Gregory Moore的 Defining and Defending the Open Door Policy）

译文：在那之前的一年，柔克义正是以这种重要的身份在中国任职。1900年，义和团运动开始平息，柔克义作为美方特使被派往北京。

（赵嘉玉 译）

例8-28是2003年专业英语八级考试的翻译原题，译文1的状语顺序基本与原文一致，译文2的调整幅度稍大，体现出英语状语位置灵活的特点。例8-29的译文把两句话的时间状语都调到了句首，符合汉语语序习惯。

3. 宾语位置的调整

汉译英时，需要调整宾语位置的情况通常有两种：一种是以"把"字句为代表的"主宾谓"结构；另一种是汉语的"宾主谓"结构（李长栓，1997）。翻译成英语时，通常要把译文句子调整回"主谓宾"结构。

[例8-30]

原文：谁把狗放出来了？（"主宾谓"结构）

译文：Who let the dogs out?

[例8-31]

原文：这个人我不认识。（"宾主谓"结构）

译文：I didn't know this person.

英译汉时，可以把原文中的长宾语移到句子前面。

[例8-32]

原文：Do you still remember the places where Aladdin and Jasmine visited or stayed in that movie?

译文：电影中阿拉丁和茉莉公主去过什么地方，在哪里停留过，你还记得吗？

例8-32的原文宾语较长，且带有从句，译文将其移动到句子前面，避免了"记得"和"吗"之间的宾语过长。

141

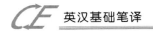

二、句子之间的语序调整

除了句子内的语序调整,有时候译者还会根据表达需要调整句子之间的顺序,从而导致译文的句序与原文的句序不同。

[例 8-33]

原文:①The company took nine months to observe people mopping the floors in their own homes. ②They took detailed notes and ③set up video cameras in living rooms. ④It was a tedious process, ⑤but it revealed just how much of a messy ordeal mopping as a cleaning method is.

(摘自 Chris Griffiths 的 *The Creative Thinking Handbook*,有改动)

译文:③公司在人们的起居室里安装摄像头,①花了 9 个月的时间观察他们在自己家里拖地的情况。②工作人员对所有情况都做了详细的笔记。④这是一个漫长乏味的过程,⑤但也恰好说明了拖地作为一种清洁方式是一种麻烦的煎熬。

(赵嘉玉 译)

如上所示,例 8-33 按照实际动作的先后顺序,把原文的句序重新进行了排列。从语篇角度出发,句子之间的调整通常要按照一定的依据,如时间顺序、空间顺序、逻辑顺序等。大量研究表明,语序本身对表达效果也有所影响,在文学作品中尤为如此。译者在调整句序时应有其理由和目的,如促进译文的信息流动,否则就没必要进行调整。

合并、拆分和语序调整都是翻译句子时灵活调整翻译单位的方法,译者可以根据行文需要,进行变通。在实际应用中,通常不会单独使用某一个技巧,而是会根据翻译需求结合使用多个技巧,比如拆分句子时常常需要增译某些词,以保证句子通顺。

第七章和第八章分别介绍了词语和句子层面常见的翻译技巧。技巧为译者在翻译时,尤其是遇到翻译困难时提供了更多的选择,但技巧不应该作为翻译学习的最终目的。很多优秀的译者在翻译时并不会刻意使用翻译技巧,他们的译文是建立在对双语差异的深刻认识之上的"自动"输出。因此,翻译初学者应注重双语能力的提升,敏化语感,辅以翻译技巧知识,全方位提高翻译技能。

练习强化:

翻译下列句子,在需要的地方调整语序。

(1) 我们昨天晚上在楼下新开的餐厅享用了一顿丰盛的晚餐。

(2) 我们把自己界定得跟此前出现的一切都不相同。

(3) Reacting to situations and making decisions quickly is essential for physical

survival and for dodging dangerous situations.

(4) Groupthink crops up when team members are more concerned about securing the approval of others than expressing their true ideas and opinions, especially when these opinions might go against the consensus.

本章参考文献和推荐阅读：

［1］奈达. 懂英语［M］. 胡壮麟，黄倩译. 北京：外语教学与研究出版社，1998.

［2］李长栓. 汉英语序的重大差异及同传技巧［J］. 中国翻译，1997（3）：16－19.

［3］连淑能. 英汉对比研究［M］. 北京：高等教育出版社，1993.

［4］吕叔湘. 汉语语法分析问题［M］. 北京：商务印书馆，1979.

［5］琼·平卡姆. 中式英语之鉴［M］. 北京：外语教学与研究出版社，2000.

［6］钱歌川. 翻译的技巧［M］. 北京：中国对外翻译出版公司，1980.

［7］邵志洪. 翻译理论实践与评析［M］. 上海：华东理工大学出版社，2003.

［8］孙致礼. 新编英汉翻译教程［M］. 上海：上海外语教育出版社，2003.

［9］许渊冲. 文学翻译：1＋1＝3［J］. 外国语，1990（1）：6－10.

［10］叶子南. 高级英汉翻译理论与实践（第二版）［M］. 北京：清华大学出版社，2008.

［11］张培基. 英汉翻译教程（修订本）［M］. 上海：上海外语教育出版社，2009.

［12］朱德熙. 语法讲义［M］. 北京：商务印书馆，1982.

第九章　语篇分析与翻译

翻译时必须注意语篇层面的分析，才能实现译文的连贯和地道，否则，译文容易有翻译腔，特别是汉译英时，容易出现中式英语。本章将分四小节，分别从主位结构、主位推进模式与翻译、信息结构、信息结构与翻译四个方面，阐述语篇结构及其与翻译的关系。

系统功能语法理论借用布拉格学派的术语，将一个句子划分为"主位"（Theme）和"述位"（Rheme）。主位是信息（message）的出发点，放在句子开头部分，剩下的部分即围绕主位所说的话则是述位（Halliday & Matthiessen, 2014: 88）。在本章中，T 代表主位，R 代表述位。

第一节　主位结构

一、主位的理解

本节简单介绍主位，让大家对相关概念有基本的理解。主位作为信息的出发点，可以根据本身结构的复杂程度分成"单项主位"（simple Theme）、"复项主位"（multiple Theme）和"句项主位"（clausal Theme）（胡壮麟等，1989: 136）。如果主位是一个独立的整体，不可以再分成更小的功能单位，这就称为单项主位（ibid.: 136）。

[例 9-1]
(1) The man in the wilderness (T) told the story (R).
(2) Slowly and quietly (T) he sneaked out of the room (R).
(3) From house to house (T) I visited all my neighbors (R).

（摘自胡壮麟等的《系统功能语法概论》，有改动）

复项主位是由多种语义成分构成的主位，它总是含有一个表示概念意义的成分，另外还可能含有表示语篇和人际意义的成分（胡壮麟等，1989: 137）。例 9-2

的主位就属于复项主位，含有上文提到的各种成分。

[例 9-2]
Well but then Ann surely wouldn't the best idea (T) be to join the group (R)?

（摘自胡壮麟等的《系统功能语法概论》）

在例 9-2 中，复项主位是从开头到 idea，其余部分是述位。在这个复项主位中，well、but 和 then 分别属于连续、结构、连接成分，它们都表示语篇意义；Ann、surely 和 wouldn't 分别属于称呼、情态、限定成分，它们都表示人际意义；The best idea 是主题成分，表示概念意义（胡壮麟等，1989：137）。像上例这样包含各类成分的复项主位并不常见。大多数复项主位都缺少某些成分。

句项主位指的是由整个小句充当主位，传统语法所说的主从复合句中的主句和从句都可以称为句项主位（胡壮麟等，1989：138）。

[例 9-3]
(1) Give that table away (T) if you don't like it (R).
(2) If you don't like that table (T), give it away (R).

（摘自胡壮麟等的《系统功能语法概论》，有改动）

在例 9-3 中，句（1）是主句做主位，而句（2）则是从句做主位。

在充当小句主位成分的同时又充当小句的主语，这样的主位叫作"无标记主位"（unmarked theme）（胡壮麟等，1989：140）。如例 9-4。

[例 9-4]
(1) He (T) changed his will (R).

（摘自胡壮麟等的《系统功能语法概论》）

(2) What (T) has happened (R)?

（摘自胡壮麟等的《系统功能语法概论》）

如果主位不是小句的主语，这样的主位就称为"有标记主位"（marked Theme）（胡壮麟等，1989：141）。

[例 9-5]
(1) Me (T) they blame me for it (R).
(2) What they could not eat that night (T) the Queen next morning fried (R)?
(3) What (T) do you mean (R)?

(4) What (T) is the price (R)?

(5) Despite the limitations of Sanskrit (T) it was in this language that court literature still flourished (R).

(6) How (T) did you fulfil that heavy task ahead of schedule (R)?

(摘自胡壮麟等的《系统功能语法概论》)

在例 9-5 的句（1）（2）（3）中，有标记主位和宾语重合，在句（4）中，有标记主位是小句的表语。在句（5）（6）中，有标记主位是小句的状语（胡壮麟等，1989：141）。

平时比较常见的情况是用无标记主位作信息的起点，但有时为了强调某个成分，也可能用有标记主位（胡壮麟等，1989：141）。胡壮麟等在书中用了 Halliday 举过的例子。

[例 9-6]

We are aware of our responsibility to our critics. We are also aware of our responsibility to the author, who probably would not have authorized the publication of these pages. This responsibility we accept wholly, and we would willingly bear it alone.

(摘自胡壮麟等的《系统功能语法概论》)

胡壮麟等分析说，第三句中 This responsibility 本该放在 accept 后面做宾语，但是放到了句首，成为这句话的主位，这样改动的效果是"既总结了他们在序言中提到的把索绪尔学生的课堂笔记整理出版以宣传索绪尔语言理论这一重大责任，又由此引出了他们自愿承担这个责任的坚定决心，起到了一种承上启下的效果"（1989：141）。

如果在理解的过程中，不注意语篇上的这些信息，就没有全面理解原文字里行间的意思；而在表达的过程中，不注意主位述位的选择，也容易使译文偏离原文的意思。因此，接下来会在这些概念的基础上，讨论与翻译直接相关的主位推进模式。

二、主位推进模式

主位推进（progression）指的是语篇中前后句子的主位和主位、述位和述位、主位和述位之间的联系和变化（朱永生，1995：7）。整个语篇的展开和最终意义的形成都是基于句子之间这种联系和变化的不断推进。不同语篇有不同的推进方式，语言学家通过观察和研究，总结出了主位变化的基本模式，这些模式就叫作主位推进模式（patterns of thematic progression）。

朱永生（1995）列出了英语中四种主要的主位推进模式：

(1) 主位同一型，即主位相同，述位不同。这种主位推进模式可以表述如下：
T1 – R1→T2（=T1）– R2→…→Tn（=T1）– Rn

[例 9 – 7]
Google (T1) has created thousands of jobs (R1). It (T2 = T1) is one of the most popular companies across the globe (R2).

(2) 述位同一型，即主位不同，述位相同。这种主位推进模式可以表述如下：
T1 – R1→T2 – R2（=R1）→…→Tn – Rn（=R1）

[例 9 – 8]
Beijing (T1) is a city (R1); Hong Kong is a city (R2 = R1); London (T3) is another city (R3 = R1); New York, Washington and Boston (R4) are other cities (R4 = R1).

(3) 延续型，即前一句的述位或述位的一部分成为后一句的主位。这种主位推进模式可以表述如下：
T1 – R1→T2（=R1）– R2→…→Tn（=Rn – 1）– Rn

[例 9 – 9]
Outside the window (T1) is a crowd of children (R1). In the middle of the crowd (T2 = R1) is a teacher (R2). This teacher (T3 = R2) is reading a story to her lovely pupils (R3).

（摘自朱永生的《主位推进模式与语篇分析》，有改动）

(4) 交叉型，即前一句的主位是后一句的述位。这种主位推进模式可以表述如下：
T1 – R1→T2 – R2（=T1）→…→Tn – Rn（=Tn – 1）

[例 9 – 10]
The movie (T1) was interesting (R1), but I (T2) didn't enjoy it (R2 = T1). A naughty kid (T3) troubled me (R3 = T2). I (T4) turned around and looked at the little boy (R4 = T3), but the boy just ignored me (R5 = T4).

（摘自朱永生的《主位推进模式与语篇分析》，有改动）

朱永生指出，这四种是主位推进的基本模式。大量的语言素材表明，很少语篇只用某一种主位推进模式展开全文,大多数语篇都会结合采用多种主位推进模式(1995:8)。

三、汉语主位结构

汉语的主位结构与英语有相似之处。汉语用小句中的主语表示无标记主位(胡壮麟等,1989:163)。

[例9-11]
<u>这部著作</u>用"逻辑"这个概念贯彻始终。

(摘自胡壮麟等的《系统功能语法概论》,有改动)

当句首位置不是主语,而是主语以外的成分时,则构成有标记主位(胡壮麟等 1989:164)。

[例9-12]
<u>2011年初春</u>,他应邀来我国讲学。

(摘自胡壮麟等的《系统功能语法概论》,有改动)

[例9-13]
<u>在这一系列演讲里</u>,马云阐述了他的经营理念。

(摘自胡壮麟等的《系统功能语法概论》,有改动)

在上述两个例子中,信息的出发点(主位)分别为"2011年初春"和"在这一系列演讲里",两句中的其余成分为述位,对主位做出陈述。

胡壮麟等指出,汉语中的"被"字句这一形式之所以存在,"就是为了让及物性系统中的目标或语气系统的剩余成分中的补语成为主位"(1989:164)。

[例9-14]
<u>我孩子的自行车</u>被人偷了。

(摘自胡壮麟等的《系统功能语法概论》)

汉语中还存在一类特殊的主位结构,即主位和动词之间没有动作者和动作的关系,只是一个叙述的对象,很多学者将其归类为话题主位(topic Theme),这跟英语中常见的主语主位(subject Theme),即无标记主位,截然不同。

[例9-15]
(1) <u>那座房子</u>轰一声垮掉了。

(2) 那座房子幸亏去年没下雪。

(摘自李运兴的《"主位"概念在翻译研究中的应用》)

李运兴认为,这两句话的主位都是"那座房子",但在句(2)中,"房子"不是"下雪"的施动者,而只是一个叙述对象,属于话题主位,不同于句(1)那样是可与英语相比照的主语主位。类似的句子还有"通情达理,有求必应,大家都喜欢这种人","新方案他们不认账"(李运兴,2002:20)。

第二节 主位推进模式与翻译

胡壮麟等认为,主位结构分析能够帮助读者了解和掌握有关中心内容的信息在语篇中的分布情况。如果读者能正确地划分构成某个语篇的各个小句的主位和述位,就可以发现讲话者的起点,以及想要传递的信息与哪些内容有关(胡壮麟等,1989:142)。从主位结构的角度看语篇,能够比较快地理清思路,了解一段话所要表达的是哪些内容。

[例 9-16]
I (T) was mugged a week ago (R). I (T) drove home from my job at a radio station and parked my car in my garage at 6:15 (R). It (T) was still light out (R). As I started to open the door of my car (T), I heard quick steps (R). Suddenly (T) a young man had jammed his body halfway into my car (R). And he (T) had a gun in his hand (R).

(摘自胡壮麟等的《系统功能语法概论》)

胡壮麟等指出,此例中,讲话人是从自己(I)说起的,接着交代天色(It)和时间(As I started to open the door of my car),随着 Suddenly 一词的出现,话题便从 I 转向 he,然后根据这条思路,结合述位部分的内容,很快就可以理清讲话人所讲述的遭遇(1989:143)。

主位推进模式确定了语篇的结构框架和整体走向,反映了作者的谋篇方式和交际意图,因此是语篇翻译中需要着重考虑的因素。翻译过程中破坏主位推进模式可能导致语篇不连贯。但是鉴于英汉两种语言存在主位结构上的差异,翻译时,也不能盲目地将一种语言的主位推进模式生搬硬套到另一种语言中。

Mona Baker 在探讨译者对主位推进模式的处理时提到,"你可能发现无法在不扭曲目的语文本的情况下保留原文的主位模式……如果原文的主位推进模式无法在译语中自然地再现,你就不得不放弃它。这时,必须保证译文具有自己的推进方式并保持自身的连续性"(2011:140)。

当根本无法保留原文主位推进模式时,译文必须具有自身的连贯性,调整主位推进模式,以补偿因放弃原文主位推进模式造成的损失。具体而言,译文对原文的主位推进模式有两种不同的转换策略,即保留和调整。

一、保留推进模式

虽然中英文之间有差异,但是有的时候还是可以看到在双语间进行转换时可以保留原文主位结构而不影响译文表达的连贯性,这种情况下,一般不做调整,直接保留。

[例9-17]

原文:在中国的制度环境里(T1),市场化必须由政府来推动(R1)。现在的问题(T2)是必须找到市场化的突破口(R2)。很显然(T3),这次选择了金融市场化(R3)。

(摘自郑永年的《郑永年:中国的新经济政策及其风险》)

译文:Given China's institutional environment (T1), marketization must be state-driven (R1). The question now (T2) is finding the kick-starter (R2). Apparently (T3), the "chosen one" is the financial sector (R3).

(李长栓、周蕴仪 译)

在例9-17的译文中,原文三个句子的主位结构不需要变动也不影响译文的流畅和地道,因此,译文保留了原文的主位结构。

二、调整推进模式

由于中英文之间的差异较大,常常会出现需要调整甚至重构主位结构的情况。最常见的情况包括两种,一是如果直接保留原文的主位结构,会出现信息出发点混乱,信息流动不畅的情况,因而需要调整。

[例9-18]

原文:在改革旧体制方面(T1),尽管有顶层设计和集权,但仍然困难重重(R1)。国家控制的金融部门(T2),一直是改革的一个重点,但并没有实质性的进展(R2)。中小型企业的发展(T3),仍然难以从国家金融系统中得到足够的资金(R3)。

(摘自郑永年的《郑永年:中国的新经济政策及其风险》,有改动)

译文:Structural reforms (T1) have been problematic despite the top-down design and power centralization (R1). The state-controlled financial sector (T2) has always been a reform priority, but progress has been minimal (R2). The current financial system

(T3) does not accommodate the financing needs of SMEs (R3).

（李长栓、周蕴仪 译）

以上段落，译文中前两句基本保留了原文的主位结构，第三句话做了适当调整。第三句原文的主位是"中小型企业的发展"，译文改用 the current financial system 做主位。汉语是意合的语言，在形式上并不要求"可见的"连贯性，主要通过内部的意思关联保证连贯性。该例文本的主题是改革国家制度，前两个主位（"在改革旧体制方面""国家控制的金融部门"）都跟这个意思相关，但是第三个句子的主位（"中小企业的发展"）跟主题看起来就没有直接的关系。英文是形合的语言，在语言表层对逻辑性和连贯性有较高要求，因此，将第三句的主位调整为"国家金融体系"（the current financial system），就使得三个句子的主位是相关联的概念，信息出发点保持了整体的统一。

另一种需要调整主位结构的情况是汉语原文是话题主位（topic theme）的句子，此时，信息的出发点常常不是句子的主语，往往要重新建构主位结构。

[例9-19]
原文： 同一天（T1），王雄便失了踪（R1）。他遗留下来的那些衣物（T2），舅妈都叫我拿去分给了我们连上那些老士兵（R2）。在他箱子里（T3），翻出了一大包五颜六色的玻璃珠子来，是那次他替丽儿串手钏子用剩的（R3）。

译文： That same day (T1), Wang Hsiung disappeared (R1). My aunt (T2) asked me to distribute the belongings he's left behind among those old soldiers in my company (R2). Rummaging through his trunk (T3) we found a big package of colored beads left over from the time he made bracelets for Little Beauty (R3).

（摘自白先勇《台北人》之《那片血一般红的杜鹃花》）

在以上段落中，除了第一句译文保留原文的主位结构外，其余两句的译文都重新构建了主位结构。第二句原文是比较典型的话题主位的句子，主位（"他遗留下来的衣物"）并不是该句的主语，而是该句讨论的对象，如果用它做英语译文的主位，就会出现中式表达，跟后文连接不起来。于是译文用了 My aunt 做主位，完全改变了句子的主位推进方式。第三句原文的主位（"在他箱子里"）是单纯的一个地点状语，如果紧贴原文的表达译成 in his trunk 并放在句首，就会显得突兀。英语的地点状语一般放在句末。译文用了 Rummaging through his trunk 做主位，暗含了动作性，放在句首就显得自然了。审视整段内容可以发现，原文的信息出发点基本围绕王雄展开，包括他的衣物和他的箱子，而在译文中，信息出发点从王雄切换到了 my aunt 和 we，视角在不停地切换，基本重新构建了原文的信息出发点。但是这样的调整并没有改变原文的意思，且从表达的角度来看，更符合英文的表达习惯。

练习强化：

请将下列段落翻译成英文，并对比和分析原文和译文的主位结构。

（1）盛有半杯水的杯子，你是否只考虑它有水的一半，而不管那没水的一半？空心的甜甜圈，你是否只盯着那圈面包，而不去理会那个空心？

（2）每日点心钱，他也不买了吃，聚到一两个月，便偷个空，走到村学堂里，见那闯学堂的书客，就买几本旧书。

（3）台北的冬夜，经常是下着冷雨的。傍晚时分，一阵乍寒，雨，又渐渐沥沥开始落下来了。温州街那些巷子里，早已冒起寸把厚的积水来。

（4）他身上罩着的那袭又厚又重的旧棉袍，竟也敌不住台北冬夜那阵阴湿砭骨的寒意了。巷子里灰蒙蒙的一片，一个人影也没有，四周沉静，只有雨点洒在远远近近那些矮屋的瓦檐上，发出一阵沙沙的微响。

第三节　信息结构

信息结构与主位结构具有紧密的联系，主位常常承载已知信息，而新信息则放在述位。但是，M. A. K. Halliday 和 C. M. I. Matthiessen 指出："信息结构和主位结构不能等同，主位是'我'作为说话人选择的作为信息出发点的成分，而已知信息是'你'作为听者已知或可知的信息。主位结构以说话人为导向，而信息结构以听者为导向。"（Halliday & Matthiessen，2014：120）因此，我们不能把主位结构作为分析语篇的唯一标准和方式。

根据胡壮麟等（1989：143）的总结，言语活动过程中已知内容与新内容之间会相互作用。已知内容指的是言语活动中已经出现过的或者根据语境可以断定的成分，称为"已知信息"（Given）；新内容指的是言语活动中尚未出现或者根据语境难以断定的成分，称为"新信息"（New）。而信息结构则是已知信息与新信息相互作用从而构成信息单位的结构（胡壮麟等，1989：143）。

一、信息结构的理解

胡壮麟等（1989：144）指出，信息单位的构成形式是：（已知信息）＋新信息。在每个信息单位中，都必须有一个新信息，没有新信息的信息单位是不完整的，也往往是不成立的；而已知信息则是可以取舍的。

[例9-20]
Who saw the play yesterday?
A：John.

B: John saw the play yesterday.

(摘自胡壮麟等的《系统功能语法概论》)

在回答 Who saw the play yesterday? 这个问题时，答案 A 由一个新信息单独构成，而答案 B 则由新信息 John 和已知信息 saw the play yesterday 一起构成（胡壮麟等，1989：145）。

"已知信息 + 新信息"是最常见的信息单位结构。这种由已知信息到新信息的排列方式符合受话者由已知到未知的心理认知过程，所以是形成语篇连惯性的重要手段之一。这也是正常、无标记（unmarked）的顺序。

[例 9 - 21]

(1) The killer was very cruel.

(2) He murdered twenty girls.

(3) Twenty girls were murdered by him.

在上述三句中，很明显句（1）、句（2）形成连贯的语篇，因为句（2）是以已知信息 he [指代句（1）中的主语 The killer] 为起点的，符合人的心理认知模式。而句（3）以新信息 twenty girls 为信息出发点，使读者很难与刚刚由句（1）建立起来的已知信息联系起来，因此感到不通顺，影响了句子间的连贯性。

Halliday 和 Matthiessen（2014：116）指出，在信息中，有些成分包含的信息比其他信息更重要，被突出的成分就被称为信息焦点（information focus）。Greenbaum 和 Quirk（1990：395）提出"末尾焦点原则"（end-focus），根据末尾焦点原则，信息焦点往往是信息单位的最后一个位置。他们用这个原则解释我们一般采用从低信息值到高信息值的线性顺序来处理信息的习惯，即句子的信息一般都具备从已知到未知，从旧到新的特性。Halliday 和 Matthiessen（2014：118）将处于信息单位最末尾的新信息称为无标记的信息焦点（unmarked information focus）。

在末尾焦点原则的基础上，Greenbaum 和 Quirk（1990：398）还认为，由于新信息通常比已知信息需要更详细的阐述，因此具备更长更"重"的结构，因此跟末尾焦点原则同时出现了"尾重原则"（end-weight）。换言之，说话人出于将新信息放在已知信息后面的相同考虑，也将更长、更复杂的结构放在句末。

[例 9 - 22]

(1) She bought a book that day.

(2) She bought her favorite book that day.

(3) She bought that day a very useful and popular book.

为了遵循尾重原则,避免句子出现头重脚轻的情况,句子的焦点常常前移。例如,为了突出强调功能,就常常利用一些句子结构,实现信息焦点前置。以 it 作为形式主语的句子常有这样的功能。

[例9-23]
(1) We flew to Beijing on a jumbo jet.
(2) No, it was to Chongqing that we flew on a jumbo jet.

例9-23中,句(1)表达的焦点是 jumbo jet,Beijing 属于旧信息,而句(2)的回答就是要否定这一旧信息,用 Chongqing 来取代 Beijing,因此,Chongqing 成为句(2)要表达的信息焦点。尽管此时 that 从句比重较大并且位于句子末端,但不承载信息的焦点,从而形成了焦点在前、重心在后的词序排列结构。

因此,已知信息先于新信息并不是信息结构的唯一模式。有时候,新信息也可以在已知信息前面出现。讲话者为了强调某个成分或者为了其他目的,可以把新信息作为信息的起点,此时,信息焦点不是信息单位的最后一个实义词项。Halliday 和 Matthiessen(2014:118)将这种现象称为有标记的信息焦点(marked information focus)。

[例9-24]
You say "Madam, isn't it beautiful?" If you suggest it's beautiful, they see it as beautiful.
(摘自 Halliday & Matthiessen 的 *Halliday's Introduction to Functional Grammar*)

在本例中,suggest 和 see 是新信息,you 和 they 也是新信息,因为两者的对比是本句的信息焦点所在,it's beautiful 和 it as beautiful 都在回指前一句的问题,是已知信息,所以在这两个小句中就出现了信息焦点前置的现象。

很多时候,在口语中,信息焦点是通过重音而不是位置来体现的。

[例9-25]
(1) He jumped into the <u>pool</u>.
(2) <u>He</u> jumped into the pool.
(3) He <u>jumped</u> into the pool.

(摘自胡壮麟等的《系统功能语法概论》,有改动)

上面各句中画线的词是句子重音所在。在句(1)中,最后一个实义词项 pool 是信息焦点,因此,句(1)是一个无标记的信息结构。但是,句(2)和句(3)的信息焦点都不是 pool,而分别是 he 和 jumped。在句(2)中,he 重读,使句子的含义有别于句（1），强调是他而不是别人跳进了泳池。在句（3）中，jumped 重读，强调他是故意跳下去的，而不是无意中掉进去的，也不是别人推下去，含义有别于句（1）和句（2）。

信息焦点一般都是通过语调和重音体现出来的，因此，很多学者包括 Halliday 和 Hasan 认为，信息结构"仅仅是英语口语的特点"（1976：325）。然而很多时候不能单纯凭借语音信息来识别新信息和已知信息的起点和终点（胡壮麟等，1989：146）。比如，根据一般的发音习惯和尾重原则，我们可能判断出句子"I want to close the window."的信息焦点在最后一个词即 window 上。然而，信息结构的判断依赖于语境，而不是看一个单句。比如前面的这一句话，只有给读者一个更大的语境，才能准确判断其信息结构。

[例 9-26]
It's getting cold. I want to close the window.

从这样一个语境判断，该句的新信息是从 want 开始，而不仅是 window 一词。这个例子也说明在书面语中分析信息结构也是可行的。在书面语中，意义的产生在很大程度上是新旧信息相互作用的结果，即旧信息不断引出新信息，新信息不断变成旧信息同时又引出更新的信息。因此，书面语中可以像在口语中一样，通过语境识别某个信息是新信息还是已知信息。

[例 9-27]
As can be seen from the historical record of human beings, science has made enormous progress. It has created marvels in almost every field, such as agriculture, industry, medicine, communication, and education. In a word, without the swift development of modern science, the world wouldn't make any stride in its evolution.

（摘自曹军的《信息结构理论对写作教学的启示》）

在该句中，As can be seen from the historical record of human beings 是预设读者已知的信息，接着引出第一句的新信息，即 science has made enormous progress。以此为基础，第二句的前半部分 It has created marvels 是已知信息，接着又引出相关的新信息，即各个 field。第三句的前半部分也是已知信息，因为前两句就是在讲 the swift development of modern science，后半部分再次以已知信息为基础，阐述想要表达的新信息。

二、汉语的信息结构

汉语具有与英文相类似的信息结构。汉语无标记的信息焦点也位于末尾（胡壮麟等，1989：164）。

[例9-28]
(1) 我开始为考试做准备了，我（已知信息）特意买了一本参考书（新信息）。
(2) 刚才我都没看到你，你（已知信息）吓了我一大跳（新信息）。

汉语中有时使用"被"字句是为了使某些成分出现在新信息的位置（胡壮麟等，1989：164）。请比较例9-29中的两个句子。

[例9-29]
(1) 有人偷了我的自行车。
(2) 我的自行车被人偷了。

句（1）的新信息在"自行车"，而句（2）中"偷了"成为新信息。
跟英语类似，在特定情况下，汉语句子的新信息可出现在末尾以外的位置，即有标记的信息焦点，大多是为了强调句子中的某一部分的语义（胡壮麟等，1989：165）。

[例9-30]
今年的比赛结果爆冷，二十岁的新手王明（新信息）拿了金牌（已知信息）。

（摘自胡壮麟等的《系统功能语法概论》，有改动）

"拿了金牌"跟前半句的"比赛结果"相关，是已知信息，该句的强调点在"二十岁的新手王明"。有标记的新信息也可表示对比语义（胡壮麟等，1989：165），比如例9-31。

[例9-31]
你不想去，我（新信息）还想去呢（已知信息）。

（摘自胡壮麟等的《系统功能语法概论》，有改动）

在上例中，"你"和"我"的对比是句子想要传递的新信息。

第四节 信息结构与翻译

在汉译英的时候，应注意英语译文的信息结构。根据末尾焦点原则和尾重原则，一般来说英语单句的信息焦点和重心通常都是放在句子的尾部。

第九章 语篇分析与翻译

[例 9-32]

原文：十几年前那一班在上海百乐门舞厅替她棒场的五陵年少，有些天平开了顶，有些两鬓添了霜；有些来台湾降成了铁厂、水泥厂、人造纤维厂的闲顾问，但也有少数却升成了银行的董事长、机关里的大主管。

译文：Of those fashionable young men who had been her admirers more than a dozen years ago in Shanghai's Paramount Ballroom, some had grown bald on top and some were graying at the temples; some on coming to Taiwan had been downgraded to the level of "consultants" in the foundries, cement works, or synthetic-fabric factories, while a small number had risen to become bank presidents or top executives in the government.

（摘自白先勇《台北人》之《永远的尹雪艳》）

在上述例子中，由中文原文的语境可知，因为开头讲到"五陵年少"，后面的"有些""有些""有少数"都是已知信息，接在后面的信息则是新信息。在译文中，也保持了相同的信息结构，从 of those fashionable young men 开始讲起，后面用3个 some 和 a small number 分别讲述不同人的际遇。信息的焦点和重心都在句子的尾部。

当然，有原则就有例外。根据上一节所说，在两个原则（末尾焦点原则和尾重原则）出现冲突的时候，尾重原则优于末尾焦点原则，即可能会出现焦点前置的情况。此外，如果要特别强调某个信息，也可能出现有标记的信息焦点。

[例 9-33]

原文：别人伸个腰、蹙一下眉，难看，但是尹雪艳做起来，却又别有一番妩媚了。

译文：While a yawn or a frown would have been unbecoming in others, in her it carried another kind of attraction.

（选自白先勇《台北人》之《永远的尹雪艳》）

本句想要强调"别人"和"她"之间的对比，在这个句子的译文中，in her 特意前置，形成有标记的信息焦点。

由于汉语和英语的信息结构相类似，因此在翻译的时候，一般来说比较容易区分已知信息和新信息。比如，定冠词修饰的名词一般是前文出现过的已知信息，而不定冠词修饰的名词一般是新信息。但是，有时要准确识别新信息对于译者来说，并没有那么容易。

[例 9-34]

（1）Heseltine's appointment as Minister of the Environment came as no surprise.

(2) Heseltine has been appointed as Minister of the Environment. This comes as no surprise.

(选自 Mona Baker 的 *In Other Words*)

句（1）中 Heseltine's appointment as Minister of the Environment 应该是预设读者已知的信息，如果是新信息，则应该用句（2）的表达方式，将这一信息用谓语动词的形式表达出来。Baker（2011:159）指出，英语中无论是口语还是书面语，已知信息通常在语法上也从属于（subordinate to）新信息。接下来将对非谓语结构、简单句和复合句等三种类型，从信息结构的角度切入，解析翻译过程中如何识别已知信息和新信息，并在译文中准确呈现合理的信息结构。

一、非谓语结构的信息结构翻译

根据 Mona Baker 的说法，已知信息在语法上也从属于新信息，那么，如果一个句子里同时有非谓语结构和谓语结构，一般来说，非谓语结构表达已知信息，谓语动词留给新信息，即重要的信息。在汉英翻译时，如果原文动词多，一定要注意哪个动词用作谓语，哪个动词处理成非谓语结构。

[例 9-35]
原文：客厅的家具是一色桃花心红木桌椅，几张老式大靠背的沙发，塞满了黑丝面子鸳鸯戏水的湘绣靠枕，人一坐下去就陷进了一半，倚在柔软的丝枕上，十分舒适。

译文：The living room was furnished with rosewood tables and chairs. There were several old-fashioned high-backed sofas heaped with pillows covered in black silk with playful mandarin duck designs in Hunan embroidery. Sinking down into these sofas and resting against the soft, yielding silk pillows, her guests felt supremely comfortable.

（摘自白先勇《台北人》之《永远的尹雪艳》）

在该例中，原文"人一坐下去就陷进了一半，倚在柔软的丝枕上，十分舒适"，短短半句话，包含了动词"坐""陷""倚""（感到）舒适"，对应的译文前半句是非谓语结构 "Sinking down into these sofas and resting against the soft, yielding silk pillows,"，内容衔接上一句对于沙发和靠枕的描写，属于已知信息，后半句谓语动词表达的是该句想要阐述的新信息，也是该句想要强调的信息，即客人的感觉，因此谓语动词留给 felt。

二、简单句的信息结构翻译

简单句只含有一套的主谓成分，亦即只有一个主语或并列主语和一个谓语或并列谓语，理解层面一般不出问题，但是在表达的时候，常常出现信息结构安排不合理的情况，这主要是因为译者没有信息结构方面的意识。

[例9-36]

原文：支撑中国经济发展的四个主体即国企、民企、外资和地方政府，都呈现出"不作为"的态势。

（摘自郑永年的《郑永年：中国的新经济政策及其风险》）

译文1：The four pillars of China's economic development are state-owned enterprises (SOEs), private enterprises, foreign investments and local governments, which have all been inactive.

（学生译文）

译文2：The four economic pillars, namely state-owned enterprises, non-state sector, foreign enterprises, and local governments, seemed mired in "inaction".

（李长栓、周蕴仪 译）

该句属于简单句，原文的主语是"四个主体"，从"即……"的表达可见四个主体预设为读者的已知信息，谓语是"呈现……的态势"，是新信息，可见该句强调的点在于四个主体"不作为"。然而译文1的主句强调四个主体指什么，而不是这四个主体怎么样，跟原文的强调点不一致。重点信息"inactive"放在从句上，让该信息成为了次要信息。从句的从属性质往往使它在句子中居于次要的信息地位。从句是为主句提供背景信息的，是主句信息的陪衬。如果在主从句安排上不合理，就会出现重点信息"踩空"的情况，也就是重点信息没有放在重点位置即主句上，这样就会丢失原作者强调的点。译文2的强调点则跟原文一致，用谓语动词seemed mired in "inaction"来翻译原文的信息焦点"呈现……的态势"。

三、复合句的信息结构翻译

复合句指由一个主句和一个或一个以上从句构成的句子，从句包括定语从句、状语从句、宾语从句等。复合句意思较多，结合上下文准确识别已知信息和新信息，并注意合理安排两者的位置，显得更加困难，也更容易出错。为了更好地说明在翻译中如何结合语境照顾信息结构，将例9-37需要翻译的那句话的前后句一起给出。

[例9-37]

原文：近年来，中国经济发展和增长进入了"新常态"。<u>尽管经济高增长阶段已经过去，不可避免进入中速增长阶段，但要实现和维持中速增长并不容易</u>。自去年始，经济增长失去了往日的动力，下行压力超出人们的预期。

（摘自郑永年的《郑永年：中国的新经济政策及其风险》）

译文1： (The last few years saw in China the unfolding of the era of "new normal".) It's difficult to realize and maintain the medium-speed growth, which inevitably followed the high-speed growth. (Since last year, the economy has lost its earlier momentum and is experiencing unexpectedly strong downward pressures.)

（学生译文）

译文2： (The last few years saw in China the unfolding of the era of "new normal".) But even if the days of high-speed growth are over and moderate growth becomes an inevitable reality, sustaining a medium growth rate is far from easy. (Since last year, the economy has lost its earlier momentum and is experiencing unexpectedly strong downward pressures.)

（李长栓、周蕴仪 译）

从原文的上下文中可以看出，第二句话"尽管经济高增长阶段已经过去，不可避免进入中速增长阶段"是在解释前一句的"新常态"，是已知信息；"但要实现和维持中速增长并不容易"是该句的新信息，也是信息焦点。紧接着，下一句就开始说明如何"不容易"。所以，原文的信息流动是非常流畅的，每一句话都是从已知信息到新信息。但是译文1对原文的已知信息解读不准确，原文已知信息是在解释"新常态"，译文1却在描述一个发展规律即which（medium-speed growth）inevitably followed the high-speed growth；而且译文1把新信息前置，导致需要强调的新信息没有放在重点位置，跟前后信息连接不畅，这说明译者没有信息流动的意识。译文2不仅准确识别已知信息和新信息，而且完全照顾到信息流动，先把已知信息放在从句"But even if the days of high-speed growth are over and moderate growth becomes an inevitable reality,"中，然后把新信息放在后面的主句，准确重现了原文的信息焦点，并实现了信息的自然流动。

练习强化：

请将下列段落翻译成英文，并分析译文的信息结构。

（1）尽管经济最近有许多不稳定性，亚洲的中产阶层却在快速成长。未来数十年，他们将成为区域经济与政治发展的基石，对世界其他国家也将有显著影响。

（2）亚洲中产阶层的快速崛起，将为国内和国际企业创造新的市场机会，进而催生影响深远的经济变革。这区域对耐用消费品的需求已有所增加，而中国已成为全球最大的汽车和手机市场。随着发展中国家中产阶层的购买力赶上发达国家，奢侈品和科技产品的消费仍有很大空间。

（3）事实上，亚洲不断壮大的中产阶层，将把这个全球的制造业中心转变为消费重地。随着需求不断攀升，不仅亚洲会创造出更多、更好的就业机会，全球供应链及生产网络也将受惠。

（4）经济繁荣将带来更好的教育和医疗，有望通过提高生产力来驱动长期的经济发展。在中国，尽管过去数十年来，在降低新生儿死亡率和提高受教育程度方面皆取得长足进展，但贫困家庭儿童，特别是在农村地区，在营养和教育上仍然落后。不过，这样的情况将大大改善。

本章参考文献和推荐阅读：

［1］ BAKER M. In Other Words：A Coursebook on Translation ［M］. London：Routledge，2011.

［2］ GREENBAUM S, QUIRK R. A Student's Grammar of the English Language ［M］. London：Longman，1990.

［3］ HALLIDAY M, HASAN R. Cohesion in English ［M］. London：Longman，1976.

［4］ HALLIDAY M. An Introduction to Functional Grammar ［M］. London：Edward Arnold Ltd.，1985.

［5］ HALLIDAY M, MATTHIESSEN C. Halliday's introduction to functional grammar ［M］. London and New York：Routledge，2014.

［6］ 白先勇. 台北人［M］. 桂林：广西师范大学出版社，2013.

［7］ 曹军. 信息结构理论对写作教学的启示［J］. 山东外语教学，2005（4）：73-75.

［8］ 胡壮麟，朱永生，张德禄. 系统功能语法概论［M］. 长沙：湖南教育出版社，1989.

［9］ 李运兴. "主位"概念在翻译研究中的应用［J］. 外语与外语教学，2002（7）：19-22.

［10］ 郑永年. 郑永年：中国的新经济政策及其风险［N］. 联合早报，2015-7-14.

［11］ 朱永生. 主位推进模式与语篇分析［J］. 外语教学与研究. 1995（3）：130-133.

第十章 文体分析与翻译

"文体"可以理解为"对不同表达方式的选择"。作为语言学的一个分支,"文体学"专门"研究语言在不同情景下的使用特点"(Thornborrow, 1998: 3),探讨特定场合下个体或社会群体对语言的选择倾向。文体学的主要研究重心是文学语言。文体学家一般认为,"小说分为'内容'与'文体'这两个层次"(申丹, 2004: 175),同样的内容,通过不同的语言方式表达出来,形成同一内容的不同文体风格。其实,文体学也适合应用在更加广泛的题材范围;文体学的知识对翻译实践也很有裨益,能够帮助译者分析原文文体效果和组织译文。

本章主要介绍常见的文体分析手段,并讨论这些手段在翻译实践中的应用。第一节将主要讨论语法和文体特点,第二节主要讨论修辞格的翻译。

第一节 语法与文体

文体学主要使用语言学的知识,分析文学语言,为传统上凭借"直觉"的文学赏析带来语言学的依据。不同的语言结构选择,具体到不同的语法选择,都会影响语言的文体效果。

[例 10-1]
(1) Leave the parcel at the doorway!
(2) It would be greatly appreciated if you leave the parcel at the doorway.

上例句(1)和句(2)表达的基本内容是一致的,但文体风格却很不同。句(1)选择了祈使句,是命令的口气,风格比较强硬;相比之下,句(2)则是正式和礼貌的风格。因此,从语法角度分析语言可以看作文体分析的一个出发点。下文将主要讨论文体在词汇和句法两大方面的体现。

一、词汇层面的文体

词汇层面的文体和"语域"相关。不同语言学家对"语域"有不同的定义,本章采用的是 Halliday 和 Hasan 的定义，即由语言的不同用途引起的语言变体，是由"有多种情景特征——特别是指语场、语旨和语式的意义——相联系的语言特征构成"（Halliday & Hasan, 2001: 22）。不同的语境，如正式和非正式的场合，需要选择不同的语言措辞；不同的主题，如医学领域，语言选择也各不相同；甚至口语或书面语，都会影响语言的使用。"语域"在本书中也同时被用来指代语体的严肃和正式程度，如"语域高"或"语域低"等。对译者来说，语域知识能够帮助分析原文的文体，以在译文中做好文体层面的对应。

词汇上的文体主要与词汇的语域高低，以及词类特点相关。

1．词汇的语域区别

词汇可以简单地分为书面语体和口语体、正式语体和非正式语体。同时，不同的领域，也形成各自特定的语体，如法律领域等。

[例10-2]

原文：本合约所述的全部货品，在制造和运输过程中，如因不可抗力原因，拖延装运或不能交货，则卖方概不负责。

译文1：The Seller will not be responsible for late-shipment and being unable to deliver the goods mentioned in the contract, if irresistible situations occur in the process of manufacturing or shipping.

译文2：The Seller shall not be liable for late-shipment or non-delivery of all the contracted goods due to force majeure which might occur in the process of manufacturing or shipping.

（摘自李克兴的《法律翻译：译注评》，有改动）

例10-2为法律语体，在翻译过程中，译者主要使用英文相应的法律语体来表达。相比之下，译文1的表达为普通英文，而译文2为法律语言。具体体现在，译文2的行文结构更加缜密简练，行文使用法律术语，如"负责"使用 be liable for，"不可抗力"用 force majeure 等。

词汇语域的判断有一些具体方法可循，音节数量是其中一个比较简单的判断方法。一般来说，单音节词的语域较低，多音节词的语域偏高。

[例10-3]

(1) Given our fast-paced society, people must routinely put creative solutions to unexpected problems into practice.

(2) Given our fast-paced society, people must routinely implement creative solutions to unexpected problems.

（摘自 John Swales & Christine Feak 的 *Academic Writing for Graduate Students: Essential Tasks and Skills*）

在例 10 – 3 中，句（1）的 put...into practice 为"动词 + 介词短语"的结构，这样的单音节词、双音节词一般语域较低。在英文中，常有一些多音节的单个动词可以替代这类结构，如句（2）的 implement。因此，在较为正式的书写中，可以把单音节词、双音节词更换为多音节动词，以提高语域。此类短语还有诸如 look into 和 investigate，make up 和 constitute 等。

判断词汇语域高低的另一个方法是查阅词源。影响英语的语言包括古诺尔斯语（old norse）、古法语和拉丁语等。法语和拉丁语也称"罗马派生语"（Roman-derived language）。同一个概念在英文中有不同的体现，如 goat 源自古英语的 gat，mutton 源自法语的 mouton。由于历史的原因，罗马派生语为早期统治阶级的语言，主要用于教育、法律和政治等领域。因此，现代英语中，这些领域的大部分词语仍然为罗马派生语，也是语域较高的一类词汇。

[例 10 – 4]

（1）原文：When the second war came Shadbold, in his middle thirties, had time to consider the **position** without undue bustle. He early expressed the **conviction**, a **tenable** one, that he would be a **liability** in the armed forces, and by returning **intermittently** to schoolmastering, possibly **undertaking** a short spell of **quasi-governmental employment** in a **rural** area towards the close of **hostilities**, **contrived** on the whole to steer a course through **wartime** dangers and **inconveniences** without **undue** personal **affliction**, reducing to a **minimum interference** with a preferred manner of life. Shadbold never for a moment claimed to have brought off from **lofty motive** this **comparative immunity**.

（2）改写版：When World War II came Shadbold, in his middle thirties, had time to take stock slowly. He soon said, as was fair enough, that he would not be useful in the army, and by going back every now and then to teaching, maybe doing a bit of hush-hush work in the country at the end of the war, all in all was able to dodge the wartime spills and hiccups without much harm to himself, paring away any messing about with the way he liked things to be. Shadbold never tried to make out he got this fairly safe job in order to do good to others.

（摘自 Laura Wright & Jonathan Hope 的 Stylistics: A Practical Coursebook）

在例 10 – 4 中，原文和改写版的意思基本相同，主要不同的是：语篇（1）频繁使用罗马派生词汇，如黑体部分，而语篇（2）基本将这些词汇更改为源自古英语的词汇，大部分为单音节或少音节词汇，如 consider the position 改写为 takes stock。相比之下可以看到，语篇（1）的语域比语篇（2）要高出许多，同时也给读者一种学究的气息。

从上述的例子可以看到，判断词汇的语域高低可以从词汇的音节数量和词源入

第十章 文体分析与翻译

手。在翻译过程中，译者也可以通过对词汇的词源分析，判断文本语域层次，以更加有的放矢地选择词语翻译原文。

2. 词类与文体

词类（或词性）（part of speech）指的是"按照词的语义和功能性质来分"的词的类别（邓思颖，2011：26）。"'名词性词类'和'动词性词类'是词的两大类"（邓思颖，2011：28），前者包括名词、形容词、量词、数词和限定词；后者包括动词、副词、轻动词、时间词、标句词、语气词、介词和连词等。不同的词性有不同的文体效果。

[例 10-5]

(1) His rejection of the young man's job application is totally unders-tandable.

(2) It is totally understandable that he rejected the young man's job application.

例 10-5 中的句（1）和句（2）分别使用了名词短语和动词短语。在功能语言学中，将一个过程（process）"名词化"（nominalization），会使其拥有以下的新功能或特点。

第一，囊括（encapsulation）功能（Thompson，2014：242）。如上例的句（1）中，his rejection of the proposal 是对 he rejected the application 这一小句内容的囊括。囊括功能能够使表达更加凝练和简明。

第二，"去个体化"（depersonalized）功能（Thompson，2014：245）。名词化可以不提及动作发出者，如上文句（1），把提示动作发出者的 his 去掉，变为 The rejection of the application 也成立。

第三，"不可协商性"（non-negociable）（Thompson，2014：246）。通过将动作过程名词化，该动作也被"物化"（thingified），成为一种既定的事实，而不是可供协商的过程。

名词化的以上三个功能或特点，能够使行文更加简练，文体上显得更为客观。因此，名词化是学术文体或专业题材文本经常使用的语言手段。

[例 10-6]

原文：论文还分析了翻译学者和出版界对译者前言的态度，以及对文学译作的否定态度如何影响其接受等。

译文 1：This study also discusses the attitudes of translation scholars and the publishers toward translator's preface and how their negative attitudes affect the reception of the translated literature.

（学生译文）

译文 2：Another discussion in the study is attitudes towards translators' prefaces amongst translation scholars and the publishers, and the effects of these negative attitudes towards the reception of the translated literature.

（谢桂霞 译）

例10-6属于学术论文语体，译文1根据原文的语法结构，连用discuss和affect两个动词引领的并列句来翻译原文的信息。译文2则将这两个动词名词化。从整体来讲，两种译文都能传递原文的信息，但译文2在行文结构上会比译文1更紧凑。

与名词相比，动词性短语或词类则更强调动作和过程。

[例10-7]

原文：在碗里混合2汤勺半面粉、玉米淀粉和1/2杯糖，再加入打匀的鸡蛋液，用搅拌器搅拌均匀。

译文：Mix together 2 1/2 tablespoons of flour, cornstarch, and 1/2 a cup of sugar in a bowl. Add beaten eggs to sugar mixture and whisk until smooth.

（摘自《有道网络词典》的例子）

例10-7为制作蛋糕指南，主要目的是教会读者完成整个制作过程。文中全部使用动词性短语，强调整个当下的动作过程。在翻译该类文本时，建议采用动词性短语。

此外，动词的不同非谓语形式在实际使用过程中，也有其不同的文体效果。

[例10-8]

Before this delirium, freedom, equality and brotherhood melted away into spectral absurdity. The only genuine desire left was the desire to destroy. <u>To wreak vengeance. To tear down. To burn. To loot. To insult. To kill</u>. The President and the men who surrounded him understood perfectly.

（摘自Laura Wright & Jonathan Hope 的 *Stylistics*: *A Practical Coursebook*）

[例10-9]

And morning after morning, all over the immense, damp, dreary town and the packing-case colonies of huts in the suburb allotments, young men were walking up to another workless empty day to be spent as they could best contrive; <u>selling</u> boot-laces, <u>begging</u>, <u>playing</u> draughts in the hall of the Labour Exchang, <u>hanging</u> about urinals, <u>opening</u> the doors of cars, <u>helping</u> with crates in the markets, <u>gossiping</u>, <u>lounging</u>, <u>stealing</u>, <u>overhearing</u> <u>racing</u> tips, <u>sharing</u> stumps of cigarette-ends picked up in the gutter, <u>singing</u> folksongs for groschen in courtyards and between stations in the carriages of the

Underground Railway.

(摘自 Laura Wright & Jonathan Hope 的 *Stylistics*: *A Practical Coursebook*)

在例 10-8 中，由 desire 这一中心词引出后面一系列的不定式短语，描述暴徒们的行为。随着读者的继续阅读，这些不定式越来越脱离中心词，"这种句法创造了一种逐步升级，滚雪球般的效果"（Wright & Hope, 2000: 80）。由不定式引出的动词，动作指向较为强烈，当一系列不定式动词出现时，层进的文体效果也越加明显。翻译时，可以考虑使用同样的系列动词短语，如"仅存的真实渴望是毁灭。报仇、拆卸、烧毁、掠夺、欺辱、杀戮"，复制原文的文体效果。然而，值得指出的是，由于不定式动词的连用有递增的文体效果，除非表达强烈的感情，从文体的效果来看，一般情况不建议使用一系列的动词不定式结构。

与例 10-8 中表达强烈感情的不定式非谓语相比，例 10-9 中使用的一系列现在分词，描述在经济衰退的情况下，居民们的生活状态，则给读者一种"时间停止的，重复的和沉闷的效果"（Wright & Hope, 2000: 83）。如果要在汉语中还原这类文体效果，不妨采用叠词的方式，例如，可以译为"卖卖鞋带，乞乞讨，下下棋"等形式，传递一种缓慢无聊的文体效果。

3. 偏离与文体

偏离（deviation）指对规范使用的违反。Geoffrey Leech（2001）列出了八种偏离，分别是词语偏离、语法偏离、语音偏离、书写偏离、语义偏离、方言偏离、语域偏离和历史时期偏离。这八类偏离大部分发生在词汇层面，可以简单分为对语言形式和语义使用规范的偏离。

偏离可以是对已有规范的违背，包括语法和使用场景，如例 10-10 的语法偏离和例 10-11 语域偏离。

[例 10-10]

原文：富贵者欺负我，贫贱者嫉妒我，痔疮折磨我，肠子痛我头昏我，汗水流我腿软我，喉咙发痒上颚呕吐我……乱箭齐发，百病交加……

(摘自莫言的《欢乐》)

译文：The rich people bully me; the poor people envy me. The piles afflicts me; the guts hurt me dizzy me; the sweat flows through my body and the legs enervate me. The throat is itchy, and the roof of the mouth vomits me…like arrows shooting towards me all at once from different directions, I fall with hundred diseases.

(谢桂霞 译)

[例 10-11]

原文：这几年对内搞活对外开放，人民生活水平不断提高，需要吃肉提高人种质量，驴街又大大繁荣。"天上大龙肉，地上大驴肉"，驴肉香、驴肉美、驴肉是人间美味。读者看官,各位来宾,各位朋友,女士们、先生们,"三揩油喂了麻汁","蜜斯特蜜斯",什么"吃在广州",纯属造谣惑众!

(摘自莫言的《酒国》)

译文:But in recent years, the policy of "rejuvenate internally, open to the outside" has sparked a rise in the people's standard of living and an increase in meat consumption to improve the quality of the race. Donkey Avenue has sprung back to life. "What dragon meat is to heaven, donkey meat is to the human world." Donkey meat is aromatic; donkey meat is delicious; donkey meat is a true delicacy. Dear readers, honored guests, friends, ladies, and gentlemen, "Sank you belly much", "Mistuh and Miss", the saying "Cantonese cuisine is tops" is nothing but a rumor someone down there cooked up to mislead the masses.

(Howard Goldblatt 译)

例 10-10 是语法偏离的例子。其中,"肠子""头""汗水""喉咙"和"上颚"等,都被赋予了生命,能够通过一系列动作折磨"我";形容词"痛"和"昏"被当作动词使用;不及物动词"发痒"和"呕吐"被用作及物动词;等等。这些都是对汉语语法的违背。然而,因为这是文学作品,这些语法偏离反而创造出普通行文没有的文体效果,让读者感到"我"被各种生活困境和疾病困扰的被动和无助。译文也模仿原文的语法偏离,将身体各部位主体化,使它们能发出各类动作。

例 10-11 是语域偏离。在该例中,莫言使用了不同领域的语言,如"人民生活水平不断提高"类似报刊用语;"大大繁荣"是口语;"读者看官"是章回体小说的常用语;"各位朋友,女士们、先生们"等是演说语体等。通过语域偏离,作者违反了语言在不同语域使用中的原则,将不同语境下的用语汇聚在一个语篇中,收到一种怪诞的文体效果。Howard Goldblatt 的译文也模仿了这些语域偏离。

偏离除了对规范的违背,也可以理解为"超出惯常用法,使现有规则具有更大通用性的做法"(Leech,2001:42),如例 10-12 的词汇偏离和例 10-13 的语义偏离。

[例 10-12]

原文:…the widow-making, unchilding unfathering deeps.

(摘自 Geoffrey Leech 的 *A Linguistic Guide to English Poetry*)

译文:这吞噬妻子、夺取孩子和葬送丈夫的深渊。

(谢桂霞 译)

[例 10-13]

原文:After a long journey of hard work, we begin to taste the happiness of success.

第十章 文体分析与翻译

译文：经过一番努力工作之后，我们开始品尝到成功的幸福。

（谢桂霞 译）

例 10-12 是诗人 Hopkins 描写德国轮船沉没的一句诗行。他借助 N + V-ing 和 un + V-ing 等构词法创造性地用到 widow、child 和 father 三个名词上，创造了 widow-making 等三个偏离造词常规的新词，却在这句诗行中取得别样的文体效果，让读者体会到大海的残酷无情，以及人在战争面前的渺小和物化。该例使用英语词汇添加词缀的构词法，而这种构词法是英语的语言特殊性，与汉语的构词法不同，因此，译文中只能通过释义的方法翻译诗行。相比之下可以发现，译文失去了原文的文体效果。例 10-13 的语义偏离主要发生在 taste the happiness 这一搭配上。Happiness 是一个抽象名词，不能和 taste 搭配，但在该句中，happiness 发生了语义的偏离，被比拟为一种可供品尝的食物。译文也还原这一偏离。大部分的语义偏离都有修辞的效果，这将在第二节中具体讨论。

总体来说，文体效果在词汇层面的体现主要受词源和词类的影响。此外，在词语使用过程中的各种偏离，也是创造文体效果的方法。

二、句法层面的文体

英汉的基本句法差不多，小句（clause）一般都包括主语（S）、谓语（P）和其他成分（X）。主语主要由名词性短语构成；英语句子的谓语由动词短语构成，汉语句子的谓语则可以是名词短语、动词短语、形容词短语等；而其他成分可以是宾语，也可以是副词（状语）或补足成分。英语小句之间有并列的关系，也有从属的关系，分别形成并列句和复合句等句子类型；汉语小句则有单句和复句的区别。

小句是信息推进的单位，也是文体效果的载体。分析文体效果，可以从分析小句各部分信息分量，或者句子类型使用入手。

1. 信息分量与文体效果

小句的信息主要分布在主语和其他成分这两个部分，因此主要形成了"轻 S + V + 轻 X"，"重 S + V + 重 X"，以及"轻 S + V + 重 X"和"重 S + V + 轻 X"等信息分量分配方式。

其中，"轻 S + V + 轻 X"和"轻 S + V + 重 X"是常见的小句信息组织方法，如例 10-14 和例 10-15。

[例 10-14]

原文：On Sunday morning the warm sun came up and "pop" out of the egg came a tiny and very hungry caterpillar. He started to look for food. On Monday he ate through one apple. But he was still hungry.

（摘自 Eric Carle 的 *The Very Hungry Caterpillar*）

169

译文：星期天早晨，温暖的太阳升起来了。"噗"一声，从蛋里爬出来一只又小又饿的毛毛虫。它开始寻找食物。星期一，它吃了一个苹果，但还是很饿。

（谢桂霞 译）

[例 10 – 15]

原文：时间，可能是世界上最司空见惯，也是最不可思议的事。试想，从无到有、从生到死，一切都在时间中演化、发生。

译文：Time is perhaps the most common and amazing thing in the universe. In the long river of time, everything happens and evolves from nothing to something, from birth to death.

（中英文摘自林巍的《杂文自译》）

例 10 – 14 是 "轻 S + V + 轻 X" 的语篇。每一个小句的主语和其他成分都没有或只有较少的修饰，小句之间是并列的关系。这类语篇信息量单一，逻辑简单，一般用在儿童读物上。例 10 – 15 的句法结构也很简单，信息在各部分的分配比较符合常规，例如第一个小句中，主语 S 是 "时间"，后面 X 部分是 "世界上最司空见惯，也是最不可思议的事"，译文相应地使用这种结构，即 S 是 Time，后面 X 部分是 perhaps the most common and amazing thing in the universe。这类句子的组织基本符合从"旧"信息或主题信息向"新"信息推进的方式。行文上内容比较清晰明了，也不会给读者造成太大的句法上的障碍。

反之，当小句的 S 部分和 X 部分信息量多的时候，阅读难度会随之增加，如例 10 – 16 和例 10 – 17。

[例 10 – 16]

原文：The same secret principle, however, that had prompted Strether not absolutely to desire Waymarch's presence at the dock, that had led him thus to postpone for a few hours his enjoyment of it, now operated to make him feel he could still wait without disappointment.

（摘自 Henry James 的 *The Ambassadors*）

译文：出于某种考虑，斯特瑞塞没有坚持要韦马希到码头接他，他们见面的时间也因此推迟了数小时。同样的原因也使他觉得等待不会使自己感到失望。

（袁德成、敖凡和曾令富 译）

[例 10 – 17]

原文：The principle I have just mentioned as operating had been, with the most newly disembarked of the two men, wholly instinctive -the fruit of a sharp sense that, delightful as it would be to find himself looking, after so much separation, into his comrade's face, his business would be a trifle bungled should he simply arrange for this

第十章　文体分析与翻译

countenance to present itself to the nearing steamer as the first "note" of Europe.

（摘自 Henry James 的 *Stylistics*: *A Practical Coursebook*）

译文：我刚才提到的安排是这个刚登岸的人出自本能的结果，因为他敏锐地感觉到，尽管与老友久别重逢是一件令人愉快的事，但当轮船靠岸时，首先看到的就是老友的脸，而不是欧洲的其他景物，毕竟会令人感到扫兴。

（袁德成、敖凡和曾令富 译）

例 10-16 和 10-17 的 S 和 X 部分信息量较大，这两个例子的阅读和理解明显要相比上面例 10-14 和 10-15 困难许多。例 10-15 中，主语 S 部分 The same secret principle, ... that had prompted... that had led him...包含了由中心词 principle 引出的两个定语从句，X 部分为 to make him feel he could still wait without disappointment，整个小句可以看作是"重 S + V + 重 X"这样的结构。例 10-17 的主语 S 部分信息量一般，但 X 部分是"with the most newly... as the first note"of Europe，其中包含了定语从句、条件状语从句以及插入语等，是典型等"S + V + 重 X"的结构。这类结构通过将不同信息压缩到一个成分中，造成一种凝练的效果，信息与信息紧密碰撞，产生了别样的语义效果。然而，信息密度高也增加了阅读和理解的难度。翻译的时候，袁德成等的译文主要采用拆分和增译等翻译技巧，同时增加逻辑连接词，将信息负荷较大的一个小句拆分为不同的小句。这样的处理降低了阅读难度，但同时也失去原文凝练的写作风格。

2. 句法类型选择与文体

英文的句型主要用简单句和复合句来表达，汉语则区分为单句和复句。在文本中，不同句子类型的选择，也会创造出不同的文体风格。

[例 10-18]

他醒过来了。

他觉得浑身发痛。左腿上负伤地方痛得更厉害。他想把身子移动一下，可是四肢没有一点力。他又在这个干了的浅水沟里躺了一忽儿。四周很静。风吹动沟旁小树的绿叶。阳光还没有照到沟里来。天气实在好，不热也不冷。他微微动了动头，眼光无力地往上看。<u>晴天，绿的树叶，碧绿的草，草上有发亮的露珠，开着的野花，一只鸟飞过……跟祖国江南的地方差不多</u>。他伸起右手揉了揉眼睛。左胸上忽然大痛了一下。他皱了皱眉头，竭力不发出叫声。他静静地躺着。他的眼光落在左腿上。伤口已经包扎好了。炸破的棉军裤上还有血迹。伤口一直在痛。

（摘自巴金的《坚强的战士》）

例 10-18 描写战士从受伤后的晕厥中醒过来的情形。语篇大部分用了单句。单句一方面增强了行文的节奏感，另一方面，书写上也便于变换内容，起到模仿战

171

士醒过来时的精神状态的作用，即从各方面感知自己的身体状况和周围的世界。除了单句，在语篇中间还出现了画线部分的复句，使紧促的行文得到了些许的缓和，也模仿战士在观察四周情况之后，心情稍微放松的状态。

英语语言同样也有许多利用句子的类型创设文体氛围的例子。

[例10-19]

I went quickly away from her down the room and out and down the tiled staircase to the front hall. I didn't see anybody when I left. I found my hat alone this time. Outside the bright gardens had a haunted look, as though small wild eyes were watching me from behind the bushes, as though the sunshine itself had a mysterious something in its light. I got into my car and drove off down the hill.

（摘自 Raymond Chandler 的 *The Big sleep*）

例10-19摘自Raymond Chandler的侦探小说*The Big Sleep*，动词性词类和短语频繁使用，有很强烈的动作性，仿佛"我"的一系列动作历历在目，气氛急促而紧张。这种紧张的效果则是长句无法塑造出来的。

巧用句子类型传递文体特点，除了通过频繁使用某类句型之外，还可以通过句型的混用来实现。如例10-19，在大量的单句中，偶尔使用复句能够起到缓和的文体效果。反之，在复句中间用单句，也能起到一定的文体效果。

[例10-20]

The babe, Tommie, died. He went away in a white, insignificant coffin, his small waxen hand clutching a flower that the girl, Maggie, had stolen from an Italian.

She and Jimmie lived.

The inexperienced fibres of the boy's eyes were hardened at an early age. He became a young man of leather. He lived some red years without laboring. During that time his sneer became chronic.

（摘自 Stephan Crane 的 *Maggie: A Girl of the Street*）

译文：汤米死了。他给装进一具小棺材送走了，一只蜡黄的小手里还抓着一朵花，那是姐姐玛吉从意大利人那里偷来的。

玛吉和吉米倒是活下来了。

吉米小小的年纪，他那幼稚的眼睛已经变得迟钝起来。他转眼长成一个结结实实的小伙子。他曾过过几年逍遥自在的开心日子。在此期间，他脸上泛起了永久性的冷笑。

（孙致礼 译）

第十章 文体分析与翻译

例 10-20 选自自然主义作家 Stephan Crane 的 *Maggie: A Girl of the Street* 第四章的开篇。语篇的第一句使用单句的形式，而且没有任何修饰词语，对小孩汤米的去世，作者没有过多的描绘。但恰恰是这一个放在开篇的单句，给读者带来深深的阅读冲击。译文很好地传递了这一文体特征，也是简单采用一个汉语的单句"汤米死了"来翻译，给读者带来一种猝不及防的悲情。

总之，不同的文体效果可以通过词汇和句法的选择实现。作为译者，需要有文体的意识，阅读出原文的"文外之意"，然后尝试在译文中重现这些文体效果。

练习强化：

请尝试使用本节的词汇和句法层面的文体学知识，讨论下文段落的文体特点，并尝试翻译。

(1) I am already far north of London, and as I walk in the streets of Petersburgh, I feel a cold northern breeze play upon my cheeks, which braces my nerves and fills me with delight. Do you understand this feeling? This breeze, which has travelled from the regions towards which I am advancing, gives me a foretaste of those icy climes. Inspirited by this wind of promise, my daydreams become more fervent and vivid. I try in vain to be persuaded that the pole is the seat of frost and desolation; it ever presents it-self to my imagination as the region of beauty and delight.

（摘自 Mary W. Shelly 的 *Frankstein*）

(2) The invigoration pain of held breath, the black and white titles like those of a lavatory floor, a drain hole covered with wire mesh, body more sensitive than ever to the weight of the water and the exertion of flotation, suddenly I had in fact achieved the bottom, as I was not always able to do on such occasion, and I put the flat of one hand on the tiles, concentrated on remaining down there as if anchored by a chunk of rusted iron, waited until I had surely propitiated the god of all those in fear of drowning at sea, and pushes off, rolling onto my back, and prolonged the ritualized agony of the return to the surface by forcing my stiffened body to rise of its own accord, unaided by the use of either stroking hands or kicking feet.

（摘自 John Hawkes 的 *Death, Sleep & the Traveler*）

(3) 朔方的雪花在纷飞之后，却永远如粉，如沙，他们决不粘连，撒在屋上，地上，枯草上，就是这样。屋上的雪是早已就有消化了的，因为屋里居人的火的温热。别的，在晴天之下，旋风忽来，便蓬勃地奋飞，在日光中灿灿地生光，如包藏火焰的大雾，旋转而且升腾，弥漫太空，使太空旋转而且升腾地闪烁。

（摘自鲁迅的《野草》中的《雪》）

第二节 辞格的翻译

修辞格也是各类文本常用的文体塑造手段,用于增加行文的效果和生动性。西方传统修辞学将辞格分为义变辞格(tropes)和形变辞格(schemes)。"两类修辞格都涉及某类转变(transference):义变辞格是意义的转变;形变辞格是次序的转变"(Corbett,1965:427)。换言之,义变辞格主要指通过改变词语原来的意义来取得修辞的效果;形变辞格指通过偏离词语或句子的正常排列顺序,以达到不同的效果。修辞格的使用是为了达到一定的文体效果,也是不同方面的偏离,如义变是对语义的偏离,形变是对使用频率和组织方式的偏离。

在义变辞格中,可以按照改变词语意义的逻辑来进一步分类:借助相似性构成的辞格,如明喻、隐喻和拟人等;替代类辞格,如借代和提喻等;双关类辞格,如换义双关、谐音双关和一笔双叙等;层递类辞格,如夸张和弱陈等;对比类辞格,如反问和逆喻等(Joseph,1962)。在形变辞格中,又可以进一步分为:平衡类辞格,如排比、对偶等;倒置类辞格,如插说、省略和同位语等;声音重复类辞格,如头韵和尾韵等;词语重复类辞格,如首语重复、间隔重复、同根异性重复等。

下文将主要介绍义变辞格中的隐喻和双关的翻译,以及形变辞格中平衡类、重复类的辞格——主要为排比、对偶和韵律的翻译。

一、义变辞格的翻译

1. 比喻的翻译

比喻是将一个常用于某事物的词或者短语用到另一个事物上。比喻在本书中包含明喻(simile)、隐喻(metaphor)和拟人(personification)等辞格。它们的共同点是在相似性的逻辑基础上建立意义的转移。不同之处在于:明喻需要借助"像"和"似"等词语,而隐喻则省略了这些词语;明喻和隐喻一般是事物之间的比较,而拟人或拟物则是将事物赋予人的特点,或将人赋予物的特点。

比喻包含本体和喻体。喻体可以借助名词或动词表达出来。

[例 10-21]
[...] and the world cut off by the forest of her hair.

(摘自 Stephen Rowley 的 *Lights of the Row*)

[例 10-22]
Some books are to be tasted,[...]

(摘自 Francis Bacon 的 *Of Studies*)

以上两个例子分别借助名词和动词表达喻体。在例 10-21 中，借助 forest 一词，把头发和森林形成对比；例 10-22 使用 taste 这个动词，将书本这一本体比喻为食物这一喻体。

有关比喻的翻译，讨论最多的是隐喻的翻译，这些讨论也对其他类型的比喻翻译有启发。Peter Newmark（2001）列出 7 种隐喻的翻译方法，即：

（1）在目的语中重现相同的喻体；
（2）用目的语中的合适喻体代替原语中的喻体；
（3）用明喻代替隐喻，保留喻体；
（4）用明喻与本义结合翻译隐喻；
（5）将隐喻转换为本义；
（6）省略；
（7）隐喻和本义结合。

Gideon Toury（2012）则提出了 4 种隐喻方法，即：

（1）隐喻翻译为"同样"的隐喻；
（2）隐喻翻译为"不同"的隐喻；
（3）隐喻翻译为非隐喻；
（4）删除隐喻内容。

综合这两位学者对隐喻的讨论，可以简单将隐喻的翻译总结为以下两个要点：

第一，是否保留原文的隐喻修辞格。由此产生四种翻译方法：（1）在译文中重现原文的隐喻辞格；（2）翻译成其他辞格，如 Newmark 提到的翻译成明喻；（3）删除辞格但保留信息；（4）删除整个辞格及其内容。这四种方法如例 10-23 的四种译文所示。

[例 10-23]
原文：[...] and the world cut off by the forest of her hair.

（摘自 Stephen Rowley 的 *Lights of the Row*）

译文1：整个世界被她的头发森林隔断了。
译文2：整个世界被她如森林般的头发隔断了。
译文3：整个世界被她茂密的头发隔断了。
译文4：整个世界被头发隔断了。

（谢桂霞 译）

第二,是否保留原文隐喻的意象。由此也产生了四种翻译方法:(1)保留原文的意象;(2)用目标语的意象代替,该意象和原文意象的联想意义相同;(3)用目标语的意象代替,该意象和原文意象联想意义不同;(4)删除意象。上文例10-22的译文1和译文2为保留原文隐喻意象的翻译案例,译文3和译文4为删除意象的翻译案例。在翻译活动中,尽量不要修改原文的意象,但是,如果该意象在目的语文化中有不同的联想意义,或者由于地理文化等因素而不为目的语读者熟悉,甚至可能会令目的语读者产生误解,则需要对意象做出更替。

[例10-24]
原文:[…] and the world cut off by the forest of her hair.
译文:整个世界被她的头发瀑布隔断了。

(谢桂霞 译)

例10-24的译文将原文的"森林"意象更替为"瀑布",在中文语境里,该形象常被用作头发的比喻,因而译文较易理解。这样的翻译方法适用于对"森林"意象比较模糊、对瀑布意象比较熟悉的目的语读者。

有时,如果比喻中的意象在跨文化交际中可能造成障碍甚至误会,则需要考虑更换意象或者增添注释。

[例10-25]
原文:While I appreciate enthusiastic employees, I am annoyed by an eager beaver who blindly volunteers for new tasks despite lacking the knowledge of how to do them properly.
译文1:我欣赏有激情的员工,但不喜欢像海狸的人,他们在缺乏相应知识和方法时,仍自告奋勇承担新任务。
译文2:我欣赏有激情的员工,但不喜欢眼高手低的人,他们在缺乏相应知识和方法时,仍自告奋勇承担新任务。

(摘自《有道词典》,有改动)

在例10-25中,原文中的eager beaver在英文中用来比喻像海狸一样忙碌卖力且性格急躁的人,略含贬义。从上下文语境中,读者也不难猜到该比喻意象的贬义性质。由于汉语中没有与海狸这种动物相似的联想意义,所以,译文1按照原来意象翻译出来,保留了该比喻意象,却给读者造成一定的阅读困扰;相比之下,译文2将该意象在本段文字中的内涵意义翻译出来,译文显得更为顺畅。由此可见,当某一意象在整体行文中重要性不强,且该翻译不是旨在跨文化传递时,为了译文的通顺流畅,译者可以适当考虑更换掉隐喻意象,甚至去掉该处辞格。

然而，在跨文化交际目的下，翻译需要尽量保留辞格的意象。有一些比喻在行文中还有文体功能，这一类比喻意象则不建议删除或更改。George Lakoff 和 Mark Johnson 认为人们的认知系统本质是隐喻性的（2003：4），系统地使用某一类隐喻意象，会给读者不同的文体感受。

[例 10 – 26]
原文：I creep along the wall quiet as dust in my canvas shoes, but they got <u>special sensitive equipment</u> detects my fear and they all look up, all three at once, eyes glittering out of the black faces <u>like the hard glitter of radio tubes</u> out of the back of an old radio.

（摘自 Ken Kesey 的 *One Flew Over the Cuckoo's Nest*）

译文：我穿着帆布鞋蹑手蹑脚地沿着墙壁走过去，像灰尘一样安静，但是，他们似乎有<u>特别灵敏的设备</u>能够侦察到我的恐惧，三个人都不约而同地抬起头来，黑脸上的眼睛闪闪发亮，就<u>像老式收音机背后伸出的电子管</u>所发出的坚硬的光。

（胡红 译）

在例 10 – 26 中，作者 Ken Kesey 在描述主人公 Bromden 在疯人院中的经历时，借助隐喻和明喻辞格，引入了一系列的意象，如 sensitive equipment 和 hard glitter of radio tube，从这些意象中，可以窥见机械师主人翁 Bromden 认识和理解世界的方式基本是借助机械类的意象。这些意象的系统出现，不仅使行文生动，也能够帮助文学作品创造角色的性格特点，形成独特的文体特征。在翻译过程中，如果原文的隐喻意象形成体系，这从侧面说明这些意象除了使行文生动之外，也具有其他的文体意义，这类隐喻往往需要在译文中保留。在上例的译文中，译者保留了这些意象。

总之，比喻的翻译需要考虑是否保留原文的辞格，还需要考虑该辞格的意象在跨文化交际中是否存在理解障碍。一旦发生意象无法理解甚至产生误解的情况，则需要进一步考虑该意象在语篇中的重要性以考虑是否保留。对一些系统性的、有一定的文体效果的意象，则需要尽量保留。

2. 双关的翻译

双关（pun）指运用同音异义或一词双义等特征构成的辞格，可以获得诙谐或机智的文体效果。双关分为三类，分别是一笔双叙（syllepsis）、谐音双关（paronomasia）和换义双关（antanclassis）。

一笔双叙指利用词汇的多义性特点构成的辞格。

[例 10 – 27]
原文：An ambassador is an honest man who <u>lies</u> abroad for the good of his country.
译文 1：大使为了本国的利益在国外多么忠诚地<u>说谎</u>！
译文 2：大使是<u>假寓</u>在国外，为忠于自己国家利益可以<u>虚情假意</u>的人。

（摘自陈定安的《英汉修辞与翻译》，译文 2 为谢桂霞译）

在例 10-27 中，lie 是一个多义词，可表示"位于某处"和"撒谎"等意思。例中巧妙地使用该词的多义性构成双关。双关是与语言特殊性直接相关的辞格，在汉语中几乎不可能找到完全对应的目的语词汇来传递该双关。因此，双关翻译时，要么需要放弃双关辞格，采用释义的方式，把意思陈述出来，如译文 1 的处理方式；要么需要采用创造性的翻译，把原文中双关所要表达的文体特点，用其他的方式体现出来，如译文 2 中，"假寓"和"假意"发音相似，可看作是谐音双关。

谐音双关指借助语言中的同音不同形的特点构成辞格。

[例 10-28]

原文：On Sunday, they pray for you and on Monday they prey on you.

译文 1：星期日他们为你祈祷，星期一他们抢劫你。

译文 2：星期日他们为你祈福，星期一你被他们欺负。

（摘自陈定安的《英汉修辞与翻译》，译文 2 为谢桂霞译）

在例 10-28 中，原文的 pray 和 prey 为同音词，前者是"祈祷"，后者为"捕食、掠夺"。译文 1 选择舍弃双关辞格，翻译了这一对同音词的意思。译文 2 尝试用使用"祈福"和"欺负"两个词模仿原文的谐音双关。

换义双关也是利用词语的多义性特点构成的。与一笔双叙不同的是，在文本中该多义词在两处地方重复使用。

[例 10-29]

原文：There were a row of young fellows in the street, and a row among them, too.

译文 1：街上有一群年轻人在吵架。

译文 2：街上有一队年轻人，有些在对骂。

（摘自陈定安的《英汉修辞与翻译》，译文 2 为谢桂霞译）

例 10-29 为多义字 row 的换义双关。在翻译过程中找到同一对双关词来翻译 row 比较困难，译文 1 采用释义的翻译方法，没有保留双关；译文 2 尝试用"队"和"对"这一对同音词来模仿双关，将原来的换义双关变成谐音双关处理。

以上是三种双关的翻译。和比喻的翻译相似，翻译双关比较困难，因为双关的构成和语言的特殊性相关。在翻译的过程中，译者可以选择放弃双关辞格，采用释义的方法来翻译；也可以改变原文中的双关类型，做其他的创造性翻译处理。

二、形变辞格的翻译

形变辞格主要通过结构上的偏离产生。形变辞格又可以分为平衡类、倒置

第十章 文体分析与翻译

类、省略类、声音重复类和词语重复类等。形变辞格由于只涉及形式,对翻译并不会造成太大的困难,例如插说、省略等倒置类形变辞格,以及大部分的词语重复类辞格,如首语重复、间隔重复等。翻译这一类的形变辞格,只需要在目的语语法可接受范围内,模仿原文的结构排列就可以。而另外一些形变辞格关系到语言的特殊性,翻译时就需要寻找其他的处理方式。下文将主要分析排比和对偶两种英汉语言中存在差异的平衡类形变辞格,以及声音重复类辞格,如头韵和尾韵等的翻译。

1. 排比的翻译

排比(parallelism)指将"结构相同、意义并重、语气一致的词组或句子排列成串,其目的在于增强语势,提高表达效果"(胡曙中,2008:235)。英汉语言在排比辞格的使用上大致相同。

[例10-30]
原文: Their powers of conversation were considerable. They could describe an entertainment with accuracy, relate an anecdote with humor, and laugh at their acquaintance with spirit.

(摘自 Jane Austen 的 *Pride and Prejudice*)

译文: 她们健谈的本领真的是吓人,描述起宴会来纤毫入微,说起故事来风趣横生,讥笑起朋友来也是有声有色。

(摘自胡曙中的《英汉修辞跨文化研究》)

例10-30中,原文构成排比的主要是三个 V...with...的句子结构。三者之间内容并重,分别从不同的侧面描绘这群说话人的健谈。译文则模仿原文的动词短语形式,同时将 with 短语改为四字成语"纤毫入微""风趣横生"和"有声有色",在文体上和原文非常接近。

排比的翻译一般不难,但有时候需要考虑英汉语言排比辞格的差异。

[例10-31]
原文: 我看樱花,往少里说,也有几十次了。在东京的青山墓地看,上野公园看,千岛渊看……在京都看,奈良看……雨里看,雾中看,月下看……日本到处都有樱花,有的是几百棵花树拥在一起,有的是一两棵花树在路旁水边悄然独立。

(摘自冰心的《樱花赞》)

译文:
I have more than dozens of experiences, to say the least, with cherry blossoms. I watched them in the grave yard of Tokyo, in Ueno Park, in Kuril Islands…in Kyoto and in Nara…I watched them during rainy days, in foggy weather or under the moon…Cherry

blossoms are everywhere in Japan. In some places, hundreds of cherry blossoms huddle together, and in other areas, one or two cherry trees stand alone by the river side.

（谢桂霞 译）

例 10-31 主要描写作者在不同的地方、不同的情景下看樱花的情况。各句之间内容相关，语气也一致，且使用"看"字将所有句子连接起来。胡曙中认为，"排比句使用共同词语的特征"是英语排比句没有强调的情况（2008：238）。这一类排比翻译为英文的话，如果扣紧原文，使用"看"对应的英文动词，如 look at 或 watch，就无法传递中文轻盈的文风，也会使英文行文过于单调，不符合英文的习惯。有些地方甚至会发生搭配不当的情形。因此，译文选择回避汉语中使用"看"这一动词构成的排比形式，而改用介宾短语，尝试模仿原文的排比辞格。

2. 对偶的翻译

对偶（antithesis）指"将意义相反的句子或句子成分排列在一起，互相映衬、对照"（胡曙中，2008：248）。对偶在中文诗歌中经常使用，如"朱门酒肉臭，路有冻死骨"等，对联则是对偶辞格的典型应用，如"天增岁月人增寿，春满乾坤福满堂"。英文中最有代表性的对偶句要数 Charles Dickens 在《双城记》中的句子。

[例 10-32]

原文：It was the best of times, it was the worst of times, it was the age of wisdom, it was the age of foolishness, it was the epoch of belief, it was the epoch of incredulity, it was the season of Light, it was the season of Darkness, it was the spring of hope, it was the winter of despair, we had everything before us, we had nothing before us, we were all going direct to heaven, we were all going direct the other way.

（摘自 Charles Dickens 的 *A Tale of Two Cities*）

译文：那是最美好的时代，那是最糟糕的时代；那是智慧的年头，那是愚昧的年头；那是信仰的时期，那是怀疑的时期；那是光明的季节，那是黑暗的季节；那是希望的春天，那是失望的冬天；我们拥有一切，我们一无所有；我们全都在直奔天堂，我们全都在直奔相反的地方。

（孙法理 译）

原文出现在小说《双城记》的开篇，使用一系列的对偶句描绘了英国当时社会各种各样的矛盾。

对偶句的翻译不会很难，按照原文的句法结构就基本能够翻译好该辞格。值得译者注意的是，英汉对偶句也有一些不同的地方。主要体现在两方面：

一方面，汉语的对偶句一般字数相等，结构相似，而英语的对偶句则不一定由对称结构的句子组成的。

第十章 文体分析与翻译

[例10-33]

原文：Why Brutus rose against Caesar, this is my answer—<u>Not that I loved Caesar less, but that I loved Rome more.</u> <u>Had you rather Caesar were living and die all slaves, than that Caesar were dead, to live all free men?</u> As Caesar loved me, I weep for him; as he was fortunate, I rejoice at it; as he was valiant, I honor him; but as he was ambitious, I slew him. There is tears for his love; joy for his fortune; honor for his valor; and death for his ambition.

（摘自 William Shakespeare 的 *Julius Caesar*）

译文：要是哪位朋友问我为什么布鲁特斯要起来反对凯撒，这就是我的回答：并不是我不爱凯撒，可是我更爱罗马。你们宁愿让凯撒活在世上，大家作奴隶而死呢，还是让凯撒死去，大家作自由人而生？因为凯撒爱我，所以我为他流泪；因为他是幸运的，所以我为他欣慰；因为他是勇敢的，所以我尊敬他；因为他有野心，所以我杀死他。我用眼泪报答他的友谊，用喜悦庆祝他的幸运，用尊敬崇扬他的勇敢，用死亡惩戒他的野心。

（朱生豪 译，有改动）

例10-33是 Shakespeare 作品中的一段著名对白。在这段话中，Brutus 使用上文画线部分的系列对偶辞格，使行文气势逼人。值得注意的是，英文的对偶句和汉语不同，不一定需要字数相同，结构相似。如"Not that I love Caesar less, but that I love Rome more."便是由 not that…but that…句型构成的意思相反的对偶句。可以简单地说，英语对偶句更体现在意义上的对比，形式上则没有中文那么严格，但也基本比较规整。

在朱生豪的译文中，因为读者对汉语对偶句的默认形式是字数相等，因此，译文"并不是我不爱凯撒，可是我更爱罗马"不容易让读者觉得是一处对偶的辞格。译文其他部分，因为结构比较工整，如"因为凯撒爱我，所以我为他流泪"等一系列的句型，其中的对偶辞格的辨认度则比较高。

另一方面，除了有"反对"，汉语对偶句还有"正对"和"串对"等类型（胡曙中，2008：249），英文中则没有对应的类型。

[例10-34]

在解析数学、代数数论、涵数论、泛涵分析、几何拓扑学等等的学科之中，已是人才济济，又加上一个陈景润。<u>人人握灵蛇之珠，家家抱荆山之玉</u>。

（摘自胡曙中的《英汉修辞跨文化研究》）

[例10-35]

"<u>野火烧不尽，春风吹又生</u>"，一到春天，漫山遍野，向大地显露生机的依然是那一望无际的青青翠竹。

（摘自胡曙中的《英汉修辞跨文化研究》）

181

例 10-34 的画线部分是"正对",两个小句之间相辅相成,互相衬托。例 10-35 的画线部分为"串对",指"将意思相连贯的两个句子或句子成分,排列在一起,依照先后的顺序进行叙述"(胡曙中,2008:249)。这两类对偶句在英文中没有对应的类型。许渊冲将"野火烧不尽,春风吹又生"翻译为"Wild fire can't burn them up; again /They rise when vernal breeze blow.",虽然语义上有关联,但没有体现出原文对偶的辞格。

因此,在英汉对偶句互译时,需要考虑两种语言中该辞格的异同,确定在翻译过程是否应该保留该辞格。

3. 韵律的翻译

语言有音乐美,主要体现在音韵和节奏的运用上。音韵主要体现在押韵上,如头韵、尾韵等声音重复类辞格的使用。下文主要讨论这几种韵律的翻译。

头韵(alliteration)指"一个词组,一个诗行,或一个句子中,有两个或几个彼此靠近的词,其音节或其他重读音节具有相同的辅音音素,或者都是元音音素开头"(李亚丹、李定坤,2005:25),如 the white foam flew 和 artful aid。英语的头韵和汉语的双声类似,但汉语的双声主要指"相连的两个音节的声母相同"(李亚丹、李定坤,2005:23)。头韵能够使文本具有音韵美和节奏感。

[例 10-36]

原文:With?

Sinbad the Sailor and Tinbad the Tailor and Jinbad the Jailer and Whinbad the Whaler and Ninbad the Nailer and Finbad the Failer and Binbad the Bailer and Pinbad the Pailer and Minbad the Mailer and Hinbad the Hailer and Rinbad the Railer and Dinbad the Kailer and Vinbad the Quailer and Linbad the Yailer and Xinbad the Phthailer.

(摘自 James Joyce 的 *Ulysses*)

译文1:水手辛伯达、裁缝廷伯达、狱卒金伯达、捕鲸者挥伯达、制钉工人宁伯达、失败者芬伯达、掏船肚水者宾伯达、桶匠频伯达、邮寄者明伯达、欢呼者欣伯达、咒骂者林伯达、食菜主义者丁伯达、畏惧者温伯达、赛马赌徒林伯达、水手兴伯达。

(萧乾、文洁若 译)

译文2:行海船的辛伯达和当裁缝的当伯达和看牢子的看伯达和捕鲸鱼的捕伯达和打铁钉的打伯达和不中用的不伯达和舀舱水的舀伯达和做木桶的做伯达和跑邮差的跑伯达和唱颂歌的唱伯达和说脏话的说伯达和吃蔬菜的丁伯达和怕惹事的文伯达和酗啤酒的叶伯达和行什么船的行伯达。

(王东风 译)

例 10-36 是头韵的例子，主要由表示职业的名词和人名的第一个辅音构成。通过不同组头韵的连绵组合，整段话富有节奏感，但也因为节奏单一，整段文字有单调的文体效果，适合模仿睡前喃喃自语的状态。译文 1 没有重现原文的头韵辞格，只是把每一部分的职业信息都翻译过来，人名部分则采用音译，如 Tinbad 译为"廷伯达"；译文 2 则以保留头韵为主要翻译目标，在翻译职业的同时，对名字翻译则作灵活处理，没有按照原文的发音音译，而是重新寻找与职业部分有双声效果的字，如把 Jinbad the Jailer 翻译为"看牢子的看伯达"。从这个案例也可以看到，由于音韵和语言特殊性相关，在英汉语中较难找到意义和发音都相对应的词语，因此在翻译的过程中，需要译者根据需要，在意义和音韵两者中做出选择。如上文译文 1 是选择了意义，译文 2 则是选择了模仿原文的音韵，从而重现原文的文体效果。

除了头韵，还有押韵（rhyme）。押韵指两个词最后一个音节（严格来说是最后一个重读音节）的元音及其后的各音都相同，如 cake 和 make，relation 和 nation。如果两个单词最后的重读音节只有元音相同而结尾的辅音不同，这两个单词就押母韵（assonance），如 cake 和 mate。押韵可以发生在词语中，如"清明"，或英文的 ugly Betty 等。押韵常用于诗歌中，但英汉诗歌对押韵的使用规范不同，值得译者注意。

[例 10-37] 原文：
Shall I compare thee to a summer's day?
Thou art more lovely and more temperate:
Rough winds do shake the darling buds of May,
And summer's lease hath all too short a date:
Sometime too hot the eye of heaven shines,
And often is his gold complexion dimm'd;
And every fair from fair sometime declines,
By chance or nature's changing course untrimmed.
But thy eternal summer shall not fade,
Nor lose possession of that fair thou ow'st;
Nor shall Death brag thou wander'st in his shade,
When in eternal lines to time thou grow'st.
So long as men can breathe or eyes can see,
So long lives this, and this gives life to thee.

（摘自 William Shakespeare 的 *Sonnets*）

译文 1：我能否把你比做夏季的一天？
你可是更加可爱，更加温婉：

狂风会吹落五月的娇花嫩瓣,
夏季出租的日期又未免太短:
有时候苍天的巨眼照得太灼热,
他金光闪耀的圣颜也会被遮暗;
每一样美呀,总会失去美而凋落,
被时机或者自然的代谢所摧残;
但是你永久的夏天绝不会凋败,
你永远不会失去你美的形象;
死神夸不着你在他影子里徘徊,
你将在不朽的诗中与时间同长;
只要人类在呼吸,眼睛看得见,
我的诗就活着,使你的生命绵延。

(屠岸 译)

译文2:我能否以夏日将你相比?
其实你更温柔也更美丽:
五月的娇蕾在风中狂悸,
夏季老匆匆然白驹过隙;
有时候太阳照得太热狂,
苍天的彤颜常黯然无光;
美中之美一旦人老珠黄——
便自然代谢,或毁于无常;
然而你的夏天长盛不衰,
你不会失却姣好的仪态;
死神岂矜夸你蹈其阴霾,
不朽蹈诗行将与你同在:
只要人类能睁眼与呼吸,
这诗便活着——赋生命予你!

(金咸枢 译)

例10-37是莎士比亚著名的十四行诗第18首。十四行诗是英文律诗,除了节奏上采用严格的抑扬五步格之外,押韵也采用间隔七韵,即 abab cdcd efef gg。英语的发音比汉语多变,如须同时押七个不同的音会非常困难。译文1中,屠岸的汉译在押韵层面可谓非常仔细。与之不同,译文2则采用中文常见的一韵到底的做法,每阕一个韵脚,十四行分成四阕,用到四个韵脚。

同样,在汉译英的时候,押韵也经常是翻译的难点。

第十章 文体分析与翻译

[例 10 – 38]

原文：

静夜思

床前明月光，
疑是地上霜。
举头望明月，
低头思故乡。

译文 1：

In the Quiet Night

So bright a gleam on the foot of my bed —
Could there have been a frost already?
Lifting my head to look, I found that it was moonlight.
Sinking back again, I thought suddenly of home.

（Witter Bynner 译）

译文 2：

A Tranquil Night

Abed, I see a silver light,
I wonder if it's frost aground.
Looking up, I find the moon bright;
Bowing, in homesickness, I'm drowned.

（许渊冲 译）

押韵的现象在古诗词中非常常见。在例 10 – 38 中，原文的"光""霜"和"乡"三个字押韵，属于传统的一韵到底的形式。在英译中，译文 1 的诗行末尾没有押韵，译文 2 则隔行押韵，是模仿西方诗歌韵脚模式的一种翻译方法。

值得注意的是，英汉语言的读者对韵脚形式感受各不相同。英语情诗的代表十四行诗为隔行押韵，中文诗歌则推崇一韵到底。在翻译的过程中，如果按照原文的韵脚来翻译，则有可能让目的语读者无法读出诗意。因此，在诗歌的翻译过程中，译者除了需要考虑意象和修辞等比较显性的文体特征外，也需要考虑音韵这一隐形特征，以更好地确定诗歌的翻译策略。

本章主要分析翻译中的文体问题。第一节讨论词汇和句法层面的文体特征及其翻译；第二节主要讨论义变和形变辞格的翻译。文体特点的显现一部分是源于语言的使用规范，如不同语域形成的用词风格，另一部分是源于对规范的偏离。偏离可以是语义上的，也可以是频率上的，如重复类辞格等。在翻译过程中，拥有文体知识的译者可以更深入地解读原文，并尝试在此基础上，在译文中重现原文的文体风格。

练习强化:

请分析下列段落中的各类辞格,并尝试翻译这些段落。

(1) 在逃去如飞的日子里,在千门万户的世界里的我能做些什么呢?只有徘徊罢了,只有匆匆罢了;在八千多日的匆匆里,除徘徊外,又剩些什么呢?过去的日子如轻烟,被微风吹散了,如薄雾,被初阳蒸融了;我留着些什么痕迹呢?我何曾留着像游丝样的痕迹呢?我赤裸裸来到这世界,转眼间也将赤裸裸的回去罢?但不能平的,为什么偏要白白走这一遭啊?

(摘自朱自清的《匆匆》)

(2) Three passions, simple but overwhelmingly strong, have governed my life: the longing for love, the search for knowledge, and unbearable pity for the suffering of mankind. These passions, like great winds, have blown me hither and thither, in a wayward course, over a deep ocean of anguish, reaching to the very verge of despair.

I have sought love, first, because it brings ecstasy—ecstasy so great that I would often have sacrificed all the rest of life for a few hours of this joy. I have sought it, next, because it relieves loneliness—that terrible loneliness in which one shivering consciousness looks over the rim of the world, into the cold unfathomable lifeless abyss. I have sought it, finally, because in the union of love I have seen, in a mystic miniature, the prefiguring vision of the heaven that saints and poets have imagined. This is what I sought, and though it might seem too good for human life, this is what—at last—I have found.

With equal passion I have sought knowledge. I have wished to understand the hearts of men. I have wished to know why the stars shine. And I have tried to apprehend the Pythagorean power by which number holds sway above the flux. A little of this, but not much I have achieved.

Love and knowledge, so far as they were possible, led upward toward the heavens. But always pity brought me back to earth. Echoes of cries of pain reverberate in my heart. Children in famine, victims tortured by oppressors, helpless old people a hated burden to their sons, and the whole world of loneliness, poverty, and pain make a mockery of what human life should be. I long to alleviate the evil, but I cannot, and I too suffer.

This has been my life. I have found it worth living, and would gladly live it again if the chance were offered me.

(摘自 Bertrand Russell 的 "What I Have Lived For")

本章参考文献和推荐阅读:

[1] THORNBORROW J, WAREING S. Patterns in Language: Stylistics for Student of

Language and Literature [M]. Beijing: Foreign Language Teaching and Research Press, 1998.

[2] WRIGHT L, HOPE J. Stylistics: A Practical Coursebook [M]. New York and London: Routledge, 1996.

[3] LEECH G. A Linguistic Guide to English Poetry [M]. Beijing: Foreign Language Teaching and Research Press, 2001.

[4] HALLIDAY M, HASAN R. Cohesion in English [M]. Beijing: Foreign Language and Research Press, 2001.

[5] CORBETT E. Classical Rhetoric for Modern Student [M]. New York: Oxford University Press, 1965.

[6] 陈定安. 英汉修辞与翻译 [M]. 香港: 商务印书馆, 1996.

[7] 邓思颖. 形式汉语句法学 [M]. 上海: 上海教育出版社, 2011.

[8] 胡曙中. 英汉修辞跨文化研究 [M]. 青岛: 青岛出版社, 2008.

[9] 李亚丹, 李定坤. 汉英辞格对比研究简编 [M]. 武汉: 华中师范大学出版社, 2005.

练习参考答案

第二章 英汉语言比较（招晓杏 拟）

第一节 英汉语言思维对比

一、抽象思维和形象思维

（1）Our government showed great concern for the gravity of the situation there.

（2）He had never expected that he would encounter so many obstacles in this project.

（3）It's almost ten o'clock, but she hasn't come home. He awaited with extreme agitation.

（4）我们尊重的是他的人格，而不是他的财富。

（5）这项任务的重要性使他震惊。

二、分析性思维和综合性思维

（1）哥白尼坚定有力地提出了这个问题，教授敬佩不已。

（2）他的嘴里时不时咕哝几句，听不清说的是什么，还拿起鹅毛笔在这里写写，在那里画画，检查这个或那个计算结果，忘却了身边的一切。

（3）他在北京完成一个项目后，去了意大利度假，两天前才坐飞机回来。

（4）The job interview is so important that you must be fully prepared for it.

（5）他关上房门后，用羽毛笔蘸墨，开始写字。

三、本体型思维和客体型思维

（1）My illness prevented me from taking the exam.

（2）他想起这些，有利于身体恢复。

（3）他对中国的教育做出了巨大贡献。

（4）The problems must be found and teaching methods be improved.

（5）其中有个孩子叫尼古拉·哥白尼，他紧闭双眼，聆听河浪喃喃细语。放眼看去，河面上空无一物。河边有几艘小船紧拴柱子，上下起伏。锚链碰到柱子时，发出咔嗒咔嗒的声音，他这才注意到其中高高的船桅。他没有看见红、蓝、白色的帆布，因为帆布早已藏在船底。然而，还是可以看到绳子在风中轻轻地摇曳。尼古拉扭头看向家乡熟悉的塔楼、城门，又躺回沙滩，感受细小沙粒散发出来的宜人温暖。太阳像只金球在广阔的天空中游走，散发出耀眼的光芒，他不得不闭起双眼。

第二节 欧化中文和中式英语

一、欧化中文

（1）她极度激动地开始了这项任务，就连她父亲都对此感到惊讶。

（2）商人觉得在这里经商很困难。

（3）我们坚信祖国会强盛。

（4）他受到打扰，面露愠色。/他因受扰而难掩愠色。

（5）问题太复杂了，短时间内无法解决。

二、中式英语

（1）How old are you?

（2）The committee should decide what to do next immediately.

（3）This sophisticated equipment was imported last year.

（4）The Yangtze Delta abounds with tourist resources.

（5）We must ensure timely, exhaustive and rational consultation regarding the epidemic.

第三章 虚假对应和翻译语境（招晓杏 拟）

第一节 英汉的虚假对应

（1）他又躺回沙滩上，感受细小沙粒散发出来的宜人温暖。

（2）他是一位妇产科医生，二战前不久，在布朗克斯区开了一家诊所。

（3）那时西边的天空开始慢慢泛起红光，海鸥渐渐安静下来，而麻鹬在灯心草丛中试探着发出它们的第一声鸣叫。

（4）船帆已收起，舷梯拉到了坚实的地面上。慢慢地，钟声消失了。忙碌的水手开始打开箱子和大桶，解开装着来自多国奇珍异品的包裹。

（招晓杏 译）

（5）ethical virtues

（6）For better athletic records and sportsmanship

（程镇球 译）

第二节 语境与翻译

（1）城市四周，金黄的田野向远方延伸，谷物等待收割。马车满载丰收的果实，在坑洼不平的路上颠簸，车轮一路尖嘎作响。

（2）牛津、剑桥的申请数据已在网上公布，读来很有意思。例如，根据去年的统计，选修古典文学的申请人，超过一半能进剑桥，而申请读英语的，只有 1/5 被录取。目前，大部分私立学校的学生选择古典文学和神学课程，但是这不影响公立学校的学生进行申请。

（3）若这句话的时间语境为冬季，则应译为"我妹妹是今年夏季毕业的"；若这句话的时间语境为春季或夏季，则应译为"我妹妹是去年夏季毕业的"。

（4）若你是一大早起床，别人见了你说出这句话，则译为"你起得可真早"；若你日上三竿才起床，别人见了你说这句话，则说的是反话。

（5）若这句话的时间语境是今年 2 月份以后，则译为"美国环保部今年 2 月召开了一个会议，主题是……"；若这句话的时间语境为今年 1 月份或 2 月份，则可译为"美国环保部去年 2 月召开了一个会议，主题是……"

（6）在车站，理解为"请上车"；在机场，理解为"请登机"；在候船室，理解为"请上船"。

（7）"你怕这些面具吗，尼克？"老水手柯斯坦笑了。"你应该庆幸没有见到制作这些面具的岛民。你还小，他们会喜欢你的嫩肉，而不是我这种又老又硬的骨头。"

第四章　英汉语言结构比较（徐丽萍　拟）

第一节　英语基本句型分析和翻译

（1）1879 年，戈鲲化先生带着妻子和六个子女，不远万里从上海去到剑桥城，成为了哈佛大学的第一位中文教师。

（2）浮游生物排放的氧气丰富着大气，而 30 多亿人的营养和生计也有赖于海洋和沿海生物的多样性。

（3）我们知道，妇女的参与可使和平协议更加持久，但即使政府作为主要的倡导者也没有做到言行一致。

（4）两千多年交往史为两国培育了互尊互鉴、互信互谅的共通理念，成为两国传统友谊长续永存、不断巩固的保障。

（5）压倒性的科学证据表明，疫苗是预防个人疾病和保护公共健康的最有效和最安全的干预措施之一。

第二节　常见英语句子结构的翻译

（1）疫苗接种覆盖率的减少有可能会抹杀多年来取得的进展，几乎已消除和可预防的疾病的重新出现，会带来更多的病痛、残疾和死亡。

（2）人们不仅要意识到这些疾病仍然存在，仍然会使人虚弱和死亡，而且要明白，疫苗接种是一种安全的、经过证实的预防疾病的途径。这对保护社区健康很重要。

（3）就像老虎机一样，智能手机和应用程序明显是为了促发多巴胺的释放而设计的，目的就是让我们难以放下手中的设备。

（4）虽然他们设定的热量摄入目标非常严格，但也给了受试者一些灵活性，让他们可以吃自己想吃的食物。

（5）事实上，南南合作在团结、尊重国家主权和平等伙伴关系这一精神的推动下，已经为共同面临的挑战提供了具体的解决方案，许多国家成为支持和启迪创新发展举措的源泉。

第三节　汉语基本句型分析与翻译

（1）It was getting dark, and the shadows in the wilderness lengthened, but the golden tree emitted a mysterious glow.

（2）Being a major industrial nation with a big manufacturing sector and a large population, China is also pursuing economic transformation and upgrading as the demand of Chinese consumers becomes more diverse.

（3）A senior developer with the e-commerce giant Alibaba, who asked not to be named to protect his career, said employers seldom say the schedule is compulsory, but failure to follow the rules could lead to low performance scores and layoffs.

（4）Support for basic elderly care and basic health care was strengthened. Close to 100 million payments were made to assist students from families in financial difficulty, covering all school types.

（5）A blacklist would block "loutish travelers" from visiting the city's parks, using facial recognition software and other surveillance technology to monitor guests and keep out those with a record of bad behavior.

第四节　常见的汉语特殊句型

（1）Deng Xiaoping was extremely adept at resolving practical issues through the application of dialectical materialism.

（2）They have no idea how profoundly economic globalization has reshaped the world and ignore the practical significance and far-reaching impacts of the international division of labor. What they are doing is merely moving the manufacturing back to the US in a barbarian way.

（3）Several times after the rain centipede-like myriapod worms from the cogongrass upon the roof would fall onto my books. From the corner of the clay wall a snake about two feet long would slither out, wandering left, then right.

(4) The end of the Cold War and the emergence of new technologies created conditions for a new round of economic globalization where multinationals allocated resources globally to maximize profits. While this process generated enormous benefits for the developed countries, it also led to the collective rise of the developing countries and emerging economies, and linked the interests of all countries ever closer, making the world a truly global village.

(5) Since the 18th CPC National Congress, guided by Xi Jinping Thought on Socialism with Chinese Characteristics for a New Era, there has been a firmer belief in the future of women development based on Chinese socialism among Chinese women. In this background, women are able to exercise their democratic rights, participate in economic and social development, and benefit from the outcomes of reforms and development on an equal and legal basis. As masters of the nation, women now can find the best ways to fulfill themselves while gaining increasing senses of achievement, happiness and safety.

第五章　翻译标准和规范（赵嘉玉 拟）

第二节　语言一致性

（1）修饰语与被修饰成分之间搭配不当。

修改：Turning the corner, I saw the spectacular TV tower.

参考译文：我拐弯就看见了壮观的电视塔。

（2）programme 是英式英语的拼法，elevator 是美式英语里的"电梯"。

修改：把 programme 改为 program 或者把 elevator 改为 lift

参考译文：为了逼老板在新项目的合同上签名，简挡住了他，不让他进电梯。

（3）语体不一致。

修改：Although we hate failure, it's our mistakes that often teach us the most. Some of the most venerated people and organizations are the ones that take chances, get things wrong and bounce back to try again.

参考译文：虽然我们讨厌失败，但恰恰是犯过的错误教会我们最多。最受景仰的人和组织通常都敢于冒险，犯错之后重振旗鼓，继续尝试。

（4）术语不一致

修改：把"损失避免"改为"损失规避"

参考译文：People hate losses somewhere between two and two–and–a–half times as much as they enjoy equivalent gains, which can be explained by a concept known as "loss aversion". This term was introduced in 1979 by economists Daniel Kahneman and Amos Tversky. In the business world, loss aversion crops up all the time.

第三节 标点符号的选择

(1) He is working at Apple Inc.

(2) Snacks and drinks won't go unappreciated at a brainstorming session; all that brain activity burns a lot of fuel.

(3) In order to understand your customers' feelings, you should put yourself in their shoes—their mindset or environment—and imagine how they would think about the product.

(4) 为了保证本次会议的顺利开展，我们特意为您制作了会议须知，将会议议程安排、工作生活指引等资料都收入其中，希望能为您的工作带来方便。会议期间，如果您在工作或生活上有任何需要，请拨打会议须知上的工作人员电话。祝您工作顺利，生活愉快！

第四节 注释的添加

(1) 译文：圣马丁羊角面包*是波兹南*最有名的食物。

注释1：夹着多种调料混合而成的馅料的羊角面包，相传在"圣马丁节"这一天教会会把这种羊角面包分给当地的穷人。

注释2：波兰中西部城市，大波兰省首府。

(2) 译文：那个英俊男子转向我说"嗨，美人儿*"的时候，我整个人都融化了。

注释：原文为意大利语 Ciao Bella，Ciao 意为"你好"或"再见"，Bella 意为美女。

(3) 译文：During the meeting, the team leader kept encouraging us to come up with every new idea, saying, "Three cobblers with their wits combined equal Zhuge Liang the master mind."*

注释：This is an old Chinese saying meaning that two heads are better than one.

(4) 译文：设立目标的方法有很多，选择最适合你的就好。无论面对何种挑战，SMART*技巧都非常适用于制定简明清晰的目标。该技巧鼓励你为自己设定"明智*目标"，描述你心目中成功的创新结果。这些都是具体（S）、可测量（M）、可达成（A）、具有相关性（R）和时效性（T）的目标。

注释1：一种目标管理原则，分别由 Specific（具体）、Measurable（可测量）、Attainable（可达成）、Relevant（有相关性）、Timely（有时效性）五个单词的首字母组成。

注释2：英语单词 smart 的意思是"明智的"。

第六章 翻译辅助工具（黄寿娟 拟）

第一节 翻译资源

（1）关于气候变化的《巴黎协定》是集体承诺的重要体现，各国承诺将全球气温升幅限制在 2 摄氏度之内，并尽可能接近 1.5 摄氏度之内。

（2）发展系统改革则着眼于大幅提升实效、协调性、透明度和问责制，更好协助各国执行《2030 年可持续发展议程》。

（3）在延期期间，欧洲理事会也明确英国将持续拥有作为正式成员国的全部权利和义务。

（4）As a Chinese saying goes, "The ceaseless inflow of rivers makes the ocean deep". However, were such inflow to be cut, the ocean, however big, would eventually dry up.

（5）Meixian Airport is 4 kilometers away from downtown Meizhou, covering an area of 1,295 mu (about 86.34 hectares). It is a Class 4C airport with a 1,800-meter long and 40-meter wide runway, available for Boeing 737 and smaller aircraft to take off and land.

第二节 翻译技术

（1）约瑟夫·赫史霍恩，一名富有的艺术品收藏家，华盛顿国家广场旁的赫史霍恩收藏馆便是以他的名字命名。最近，他发人深省地道出了几大基金会创立者——卡耐基、洛克菲勒、盖茨、巴菲特——创立基金会的动机。

（2）对美国公司而言，"一带一路"处处有机遇。霍尼韦尔公司致力于为"一带一路"沿线的油气开发提供支持，通用电气公司已同"一带一路"合作伙伴就电力和能源供应签署数项协议，卡特彼勒公司在"一带一路"框架内推动解决巴基斯坦电力短缺问题，花旗银行积极为"一带一路"沿线各国的项目提供融资。

（3）On August 17, 2015, Vice Foreign Minister Liu Zhenmin met with a delegation of middle and high ranking officials from South Asian Association for Regional Cooperation (SAARC) countries led by Ramesh Prasad Khanal, Joint Secretary of the Ministry of Foreign Affairs of Nepal.

（4）The amended Trademark Law sets up a system of punitive damages. The amended Anti-Unfair Competition Law improves the protection of trade secrets, identifies act of confusion, introduces the concept of sign and expands the scope of protection for sign.

（5）Located in Southwest China, the Qinghai-Tibet Plateau covers the entire Tibet

Autonomous Region and Qinghai Province, in addition to parts of Sichuan, Yunnan, Gansu and Xinjiang. It is about 2.6 million sq km in area and most of it lies at an altitude of more than 4,000 m above sea level. Hailed as the "roof of the world", the "third pole" and the "water tower of Asia", the Plateau is a natural habitat for rare animals and a gene pool of plateau life. It is a key eco-safety barrier in China and Asia, and a focus of China's drive to promote ecological progress.

第七章　词汇层面的翻译技巧（赵嘉玉　拟）

第一节　增译

（划线部分为增译部分）：
（1）经济增长必须具有包容性，减少贫困，抑制不平等<u>现象</u>。
（2）章节这么多，时间这么少，我们应该选择阅读本书的哪<u>些</u><u>内容</u>？
（3）有平衡<u>困难</u>或行走<u>困难</u>的学员可以坐在椅子上进行另一项练习，并忽视有关行走的引导词。
（4）——我们可以故意把打印机放远一点儿，让大家在办公室里多走动。
　　　——<u>多棒的</u>主意！<u>这个方法</u>一定很有效！

第二节　省译

（1）The road before us is rough.（省译冗余词）
（2）轻轻地揉搓双手，关注双手在揉搓时的感觉。（省译代词）
（3）再见到你真是太开心了！（语义省译）
（4）在我们幼儿园，所有老师都很珍惜与孩子们的友谊。（语义省译）

第三节　词性转换法

（1）他的行动有助于解决会议前提出的一个主要问题。（名词转动词）
（2）要变得更有创意，你必须提高以不同的方式思考的能力。（副词转形容词）
（3）Ever since the establishment in 2007, our working staff members have seen a rapid increase from 30 to 600.（动词转名词）
（4）When you fish without bait, people don't bother you and neither do the fish.（动词转介词）

第四节　解包袱法

（1）从法学院毕业后，他成为了一名专门处理刑事案件的律师。

（2）除了坐过一次火车到上海，我从来没出过广东省，可以说我的阅历很有限。

（3）他的公司生产了污染环境的产品，触犯了刑法，他因此受到严惩。/他的公司非法生产污染环境的产品，他因此受到严惩。

（4）留意并不断庆祝一路上取得的胜利。利用仪式感为团队的成长助力，你将成为一名更加乐观和创新的领导者。

第五节　正译和反译

（1）国会否决了这项议案。/国会没有通过这项议案。

（2）给点耐心，坚持下去，因为改变不会一夜之间发生。/别着急，别轻易放弃，因为改变不会一夜之间发生。

（3）这些菜肴小朋友在没有他人的帮助下也可以做出来。/这些是小朋友可以独自完成的菜肴。

（4）Tourists can travel to Guangzhou by plane, high-speed railway or train. / Guangzhou is accessible by plane, high-speed railway or train.

第八章　句子层面的翻译技巧（赵嘉玉 拟）

第一节　句子的拆分

（1）总统承担责任姗姗来迟，令人惋惜。

（2）根据规定，一个国家只允许一个代表参会，这使得他无法进入会场为部长翻译。

（3）在她一生的前21年里，烦恼和忧愁几乎从没来打扰过她。

（4）这门理论课的课堂实际是这样的，你坐在教室后排，周围是一个个面容疲惫的学生，他们身穿紧身牛仔裤，戴着厚厚的眼镜。你们就这样只等着下课，好走出去吃午饭。

（5）还记得百视达、康柏、黑莓和HMV吗？这些公司都曾经风光无限，被寄予厚望，但也早已沉寂颇久了。

第二节　句子的合并

（1）她每周一都忙得不可开交，既要回复周末的邮件，又要开几个会。

（2）持续创新能使你获胜的机会大大增加。

（3）Our country's GDP grew by 6.6 percent last year, exceeding 90 trillion yuan.

（4）Lying in the southern part of China's mainland and on the north rim of the Pearl

River Delta, Guangzhou is next to the South China Sea and adjacent to Hong Kong and Macao.

第三节 语序的调整

（1）We enjoy a large dinner in the new restaurant downstairs last night.

（2）We defined ourselves negatively against what came before us.

（3）在求生或避险的时候，快速做出决定至关重要。

（4）群体思维指的是比起表达自己真实的想法和意见，团队成员更希望获得他人认可的一种思维。当这种想法和意见可能违反大家的一致意见时，成员更是宁可不提出自己的观点。

第九章　语篇分析与翻译（陈燕 拟）

第二节　主位推进模式与翻译

（1）Do you see the glass as half full rather than half empty? Do you keep your eye upon the doughnut, not upon the hollow?

（2）He also saved the coppers he was given each day to buy a snack with, and every month or so would seize an opportunity to go to the village school to buy some old books from the book vendor making his rounds.

（3）Winter nights in Taipei, it usually rains cold rain. This evening, a bleak wind suddenly rose up and the rain began to fall pitter-patter again. In no time the water had risen an inch in the alleys around Wen-chou Street.

（4）He was wrapped in his old padded gown, thick and heavy enough, but still it couldn't ward off the damp, bone-chilling cold of a Taipei winter night. The alley was veiled in hazy gray mist. Not even the shadow of a human being could be seen anywhere. A soft, thick silence reigned, broken only by the murmur of the rain falling like a gentle sifting of sand on the tiled roofs of the low houses far and near.

第四节　信息结构与翻译

（1）Despite recent economic uncertainty, Asia's middle class is growing fast. In the coming decades, this burgeoning demographic segment will serve as a keystone for economic and political development in the region, with significant implications for the rest of the world.

（2）The rapid emergence of Asia's middle class will bring far-reaching economic change, creating new market opportunities for domestic and international companies. Already, demand for consumer durables has increased in the region, with China becoming the world's largest market for automobiles and mobile phones. But there remains substantial room for more consumption in luxury goods and technological products, as the purchasing power of the developing world's middle class catches up to that in the advanced countries.

(3) Indeed, Asia's growing middle class will transform a region known as a global manufacturing hub into a consumption powerhouse. As demand rises, more and better jobs will be created not only in Asia, but also globally, along supply chains and across production networks.

(4) With rising prosperity comes improved education and health care, which promise to help drive long-term economic growth by improving productivity. In China, this would represent a significant shift from prevailing conditions, in which the children of poor households, especially in rural areas, lag in terms of nutrition and school enrollment, despite significant progress in recent decades on lowering infant mortality and raising educational attainment.

（上述原文和译文来自：https://www.zaobao.com/forum/bilingual/story20150327-461793）

第十章 文体分析与翻译（谢桂霞 拟）

第一节 语法与文体

（1）从词源来看，文本大部分为古英语和法语词源的词汇，词用第一人称 I 作为主语叙述。整体来说，文本的语域一般，容易阅读和理解。

参考译文：

我此刻在远离伦敦的北方，正在圣彼得堡的街头漫步。寒冷的北风吹拂着我的面颊，使我精神抖擞，心中充满了喜悦。我此时的心情你能理解吗？这阵阵朔风发源于我正要前往的那个地区，它让我预先体验一下那一带天寒地冻的滋味。它是希望之风，给我以灵感，使我脑海里的幻想变得愈发强烈，愈发鲜明。我试图让自己相信：北极乃苦寒荒寂之地。但无济于事，因为在我的想象之中，北极永远是一方秀美之地，欢乐之土。（刘新民 译）

（2）本段文字描写的是主人翁在游泳池水底的一系列感受，以及浮出水面过程的动作。整个段落由两个构成并列关系的从句组成。第一个从句的开篇部分是其 X 成分，由四个名词短语连接而成，给读者描述一系列的水底意象和感知状态。第二个从句描写从水底上升的过程，使用了一些 V-ing 或 V-ed 的格式，弱化了动作性，使整个过程显得更加缓慢。

参考译文：

屏气时产生的激烈疼痛，与卫生间地板相似的黑白瓷砖，带丝网的出水孔，对水压和浮力感知更加敏感的身体……突然间，我触到了池底，这在这种情形下我一般做不到的。我把一只手掌放在瓷砖上，集中精力待在下面，仿佛被生锈的铁块固定在池底，直到我确信安抚好那些惧怕淹没在海中的全部神灵，才推开瓷砖，翻身背对水面，强迫僵硬的身体自行上升，没有辅以划手或踏脚的动作，以延长上升过程中充满仪式感的痛苦。（谢桂霞 译）

（3）在原文中，鲁迅用了一系列的短句，描述北方下雪的情景。段落中用了许多短句，描绘雪花的状态，以及地上的雪花被风卷起的情形，整体文体比较灵动活泼。

参考译文：

But the snowflakes that fall in the north remain to the last like powder or sand never hold together, whether scattered on roofs, the ground or the withered grass. The warmth from the stoves inside has melted some of the snow on the roofs. As for the rest, when a whirlwind springs up under a clear sky, it flies up wildly, glittering in the sunlight like thick mist around a flame, revolving and rising till fills the sky, and the whole sky glitters as it whirls and rises.（杨宪益、戴乃迭 译）

第二节 辞格的翻译

（1）本段散文用了义变和形变两类辞格。义变辞格以比喻的使用较多，如"逃去如飞的日子""如薄雾，被初阳蒸融了"等，增强描写的生动性和美感。形变辞格使用最明显的是重复。如"徘徊""痕迹"和"赤裸裸"等词汇。重复增加了行文音韵美，同时也创设一种回环往复的文体效果。此外还有反问句的形变辞格的使用，引发读者的思考，同时也渲染作者对时光流逝的感慨之情。

参考译文：

What can I do in these days which flee so fast in this world with its teeming millions? I can only wander, only hurry-scurry. What have I achieved, apart from wandering, in the eight thousand days which have flitted by? My past has been scattered like smoke by a gentle breeze, or dispersed like mist by the morning sun. what traces have I left behind? No, nothing, not even a gossamer-like vestige. Naked I came into this world, and naked I shall go from it very soon. But I cannot preserve a tranquil mind, wondering: why should I have to make this aimless trip?（李定坤 译）

（2）Bertrand Russell 的这篇散文使用了义变和形变辞格。如开篇将 three passions 拟人化，能够施发 govern 这一动作，此外还有一系列的意象，如 the cold unfathomable lifeless abyss 等。紧接着是一系列的"N + for N"，"I have sought + N"

和"I have V-ed + V"等句型的排比句式,形成层层递进的文体风格。

参考译文:

三种单纯而极其强烈的激情支配着我的一生,那就是对于爱情的渴望,对于知识的寻求,以及对于人类苦难痛彻肺腑的怜悯。这些激情犹如狂风,把我在伸展到绝望边缘的深深的苦海上东抛西掷,使我的生活没有定向。

我追求爱情,首先因为它叫我销魂,爱情令人销魂的魅力使我常常乐意为了几小时这样的快乐而牺牲生活中的其他一切。我追求爱情,又因为它减轻孤独感——那种一个颤抖的灵魂望着世界边缘之外冰冷而无生命的无底深渊时所感到的可怕的孤独。我追求爱情,还因为爱的结合使我在一种神秘的缩影中提前看到了圣者和诗人曾经想象过的天堂。这就是我所追求的,尽管人的生活似乎还不配享有它,但它毕竟是我终于找到的东西。

我以同样的热情追求知识。我想理解人类的心灵。我想了解星辰为何灿烂。我还想试图弄懂毕达哥拉斯学说的力量,是这种力量使我在无常之上高踞主宰地位。我在这方面略有成就,但不多。

爱情和知识只要存在,总是向上导往天堂。但是,怜悯又总是把我带回人间。痛苦的呼喊在我心中反响、回荡。孩子们受饥荒煎熬,无辜者被压迫者折磨,孤弱无助的老人在自己眼中变成可恶的累赘,以及世上触目皆是的孤独、贫困和痛苦——这些都是对人类应该过的生活的嘲弄。我渴望能减少罪恶,可我还做不到,于是我也感到痛苦。

这就是我的一生,我觉得这一生是值得活的。如果真有可能再给我一次机会,我将欣然重活一次。(泰云 译)